Mindener Kreis e. V. (Hg.)

D1734042

Oss Kröher

90 Jahre

1927 bis heute

Bibliografische Information der Deutschen Nationalbibliothek

Die Deutsche Nationalbibliothek verzeichnet diese Publikation in der Deutschen Nationalbibliografie; detaillierte bibliografische Daten sind im Internet über https://portal.dnb.de abrufbar.

Nr. 15 der Schriftenreihe des Mindener Kreises e. V. (MK) als Sonderausgabe zum 90. Geburtstag von Oss Kröher

Herausgeber dieses Heftes: Mindener Kreis e.V.
Layout: Fritz Schmidt (fouché)

Titelfoto: Thomas Range

1. Auflage 2017
© Spurbuchverlag, 96148 Baunach
info@spurbuch.de, www.spurbuch.de

ISBN: 978-3-88778-514-7

Inhalt

Oss im Juni 2016 in Huysburg. Foto: Eberhard Schürmann

Mit einem aus vollem Herzen kommenden zünftigen HORRIDO grüßt der Vorstand des Mindener Kreises – zugleich im Namen aller Mitglieder – unseren Freund Oskar Kröher zum 17. September 2017 und wünscht ihm alles nur erdenklich Gute zum Beginn des zehnten Jahrzehnts seiner Wanderung durch sein in jungen Jahren entbehrungsreiches, überwiegend aber doch vom „Füllhorn der Fortuna" reich gesegnetes Leben: Gesundheit, weiter Freude am Leben in der Gemeinschaft mit der ihm vice versa herzlich zugewandten Gretel und seinen Freunden. An der Gestaltung dieses Heftes sind nicht nur Mitglieder des Mindener Kreises beteiligt, sondern auch Weggefährten von Oss aus dem „Maulbronner Kreis" oder solchen, die beiden Zirkeln verbunden sind, und andere Menschen, die schon vor teilweise vielen Jahren die in diesem Heft dargestellten Sangeskünste und weiteren Fähigkeiten von „Hein & Oss" kenntnisreich und voller Sympathie beschrieben und gelobt haben. Alle Verfasser stimmen ein in den Wunsch: Mögen Oss noch viele fröhliche Jahre seines Lebens mit seinen Freundinnen und Freunden und viele Reisen beschieden sein!

Jürgen Reulecke   Eberhard Schürmann   Horst Zeller

Jürgen Reulecke

„… der Welt verliehen …"

> „Wie an dem Tag, der dich der Welt verliehen,
> Die Sonne stand zum Gruße der Planeten,
> Bist alsobald und fort und fort gediehen
> Nach dem Gesetz, wonach du angetreten.
> So musst du sein, dir kannst du nicht entfliehen,
> So sagten schon Sibyllen, so Propheten;
> Und keine Zeit und keine Macht zerstückelt
> Geprägte Form, die lebend sich entwickelt."
>
> Goethe: Urworte orphisch

Was war das für ein Tag, an dem Oss (wie auch sein Zwillingsbruder Heiner) „der Welt verliehen" wurde, und wie ist er dann „alsobald und fort und fort gediehen"? Eine Fülle von Möglichkeiten, den Hintergründen und Zusammenhängen, die dann die geprägte Form von Oss lebend sich entwickeln ließen, auf die Spur zu kommen (pardon: spielerisch mit etwas romantischer Ironie, aber auch ein paar historischen Hinweisen), bietet sich an – dies nach dem Rilke-Motto von den wachsenden Ringen, die sich über die Dinge ziehn, hier bezogen auf den Lebensweg bzw. das „Liederleben" des „fahrenden Sängers" Oss auf seinen zum Teil „irren Pfaden" zum Beispiel „vom Rhein zum Ganges" und „vom Lagerfeuer ins Rampenlicht".[1]

---

[1] Das sind Anspielungen auf die fünf umfangreichen autobiografischen Publikationen von Oss von 1997 bis 2015. S. dazu viele Hinweise in den folgenden Beiträgen, bes. in dem Essay von Eberhard Schürmann.

Hein & Oss 1967. Zeichnung: Jürgen v. Thomëi

Der *erste Ring* geht vom 17. September als einem vor allem von den Katholiken, aber auch zum Teil in den übrigen christlichen Kirchen gefeierten Namenstag aus: Es handelt sich um den Namenstag „Hildegard", weil die heilige Hildegard von Bingen (1098 – 1179) vermutlich an diesem Tag in Niederhosenbach, ca. siebzig Kilometer nördlich von Pirmasens im Hunsrück, geboren worden ist. Zu den vielen immens nachwirkenden Initiativen dieser Benediktinerin als erfolgreiche Kirchenlehrerin, als Dichterin, Universalgelehrte und – wie sie auch genannt wird – „Urmutter der europäischen Alternativmedizin" gehörte vor allem auch die Beschäftigung mit der Musik: Von ihr stammt z. B. eine der frühesten Sammlungen geistiger Gesänge in einem umfangreichen Werk mit dem Titel „Symphonie der Harmonie der himmlischen Erscheinungen".[2]

---

[2] S. dazu z. B. Christine Büchner: Hildegard von Bingen. Eine Lebensgeschichte, Frankfurt 2009, und Alfred Haverkamp (Hg.): Hildegard von Bingen in ihrem historischen Umfeld, Mainz 2000.

Zum *zweiten Ring*: Samstag, der 17. September 1927, der Geburtstag von Oss und Hein, gehört entsprechend dem Stand von Sonne und Planeten, so lehrt uns die Astrologie, zum Tierkreiszeichen „Jungfrau" (24. 8. bis 23. 9.).[3] Dazu ließe sich hier immens viel sagen – jetzt nur soviel: Der „Jungfrau-Mann" gilt aus astrologischer Sicht als ein besonderes Organisations- und Einteilungsgenie, ausgestattet mit einem „Röntgenblick", d. h. als jemand, der z. B. als Pädagoge, als Zeitkritiker und geschickter Lebensplaner, als Schriftsteller und Journalist, oft auch als kaufmännisch engagierter Zeitgenosse mit einem „prüfenden und sichtenden Verstand" ausgestattet ist und dem nachgesagt wird, dass er ständig auch sehr gerne reisen und die Welt sehen will.

Dritter Ring: Es gibt aber noch eine weitere Horoskopwelt, nämlich die vietnamesisch-chinesische! Sie bezieht sich nicht wie unsere Astrologie auf die zwölf Monate mit dem jeweiligen sonnenbezogenen Sternkreiszeichen, sondern – vom Mondstand abhängig – auf einen Zyklus von zwölf Jahren, wobei vor ca. 2500 Jahren von Buddha jedem Jahr jeweils ein Tier, beginnend mit der Ratte über den Büffel, den Tiger, die Katze (bzw. in China den Hasen), den Drachen usw. bis hin zum Schwein im zwölften Jahr, zugeordnet worden ist.[4] Das Geburtsjahr von Oss war ein Katzen- bzw. ein Hasenjahr. Den im Jahresablauf dieses Jahres geborenen männlichen Wesen, hier bezogen auf das Mondjahr von Februar 1927 bis Ende Januar 1928, wird bestätigt, dass sie in besonderer Weise geistig begabt und ehrgeizig, diskret und tugendhaft, aber auch raffiniert seien. Prahlerisches Auftreten anderer lehnten sie massiv ab. Manchmal, so heißt es, widmeten sie sich speziellen Themen deshalb besonders intensiv, um sich vor anderen damit repräsentieren zu können, was dann dazu führe, dass die Gesellschaft sie liebt und z. B. auf Partys, bei mondänen Veranstaltungen usw.

---

[3] Ausführliche Hinweise bei Herbert A. Löhlein: Handbuch der Astrologie. Liebe –Ehe–Partnerwahl–Beruf–Begabung. 7. Aufl. München 1982.

[4] Paula Delsol: Chinesische Horoskope. Reinbek bei Hamburg 1983; zum Jahr der Katze s. bes. S. 31–36. In China ist es der Hase, in Vietnam die Katze.

gern auftreten sieht. Sie seien zudem oft recht geschäftstüchtig, besäßen Verhandlungsgeschick und verständen es immer mal wieder, günstige Gelegenheiten für sich und ihre Umgebung zu nutzen. Allerdings zögen sie oft den Umgang mit Freunden dem Familienleben vor.

Der *vierte Ring*: Nach diesen ersten drei Ringen mit ihren in Richtung Oss durchaus fragwürdigen im Sinne von befragungswürdigen Hinweisen soll es nun ein wenig um seine konkrete Verortung vor Ort nach dem Tag gehen, der ihn (und Heiner) der Welt verliehen hat. Es geht also um seine „Heimat und Welt" seit dem 17. September 1927.[5] Ausführlich hat er in seinem immens detailreichen Buch „Ein Liederleben" sowohl seinen offenbar ganz unkomplizierten Start in die Welt in einer liebevollen Familie als auch anschließend dann die Herausforderungen seiner Jungvolkzeit in der Hitlerjugend einschließlich den darauf folgenden, ihn langfristig prägenden Erfahrungen bis zu seiner Rückkehr Anfang 1946 als (jetzt erst achtzehnjähriger) ehemaliger „kriegsfreiwilliger Seekadett" ins kriegszerstörte Pirmasens aus der britischen Kriegsgefangenschaft geschildert.[6] Auf der einen Seite waren es früh die Erfahrungen mit Marschmusik und Exerzieren sowie mit den Folgen der Dienstpflicht im Kontext des 1936 erlassenen Staatsjugendgesetzes, die Oss geprägt hatten. Zum anderen war es aber auch der Austausch mit Freunden und die Fähigkeit, sich angesichts der Zwänge und des nationalistisch-militaristischen Pathos im NS-Regime und dann im Militär der krassen „Ernsthaftigkeit" durch ein „respektloses Parodieren" der dröhnenden Texte zu entziehen. Damit sei, so Oss, sehr früh eine Neigung bei ihm geschaffen worden, die sich dann „im Laufe von acht Jahrzehnten nicht nur gehalten, sondern ebenso vertieft und gefestigt" habe: Unzählige Paro-

---

[5] Als 87jähriger hat Oss in einem Essay dieses Zusammenspiel in Bezug auf seine Biografie eindrucksvoll auf den Punkt gebracht: Heimat und Welt, in Eberhard Schürmann/Horst Zeller/Fritz Schmidt (Hg.): ...und die Karawane zieht weiter ihres Weges. Ebersdorf/Mindener Kreis 2015, S. 244–254.

[6] Oss Kröher: Ein Liederleben – eine Jugend im Dritten Reich, 2. Aufl. Pirmasens 2008.

dien auf Hymnen und Weihegesänge hätten für ihn „seit jeher" zum lebendigen Singen gehört![7]

Abschließend noch ein paar Hinweise zu einem *fünften Ring*: „Blaue Blumen in Trümmerlandschaften" – so hat Arno Klönne einmal die Wiederaufbauphase der Jugendbewegung nach 1945

Pirmasenser Jungvolk 1942. Zweiter von rechts mit Gitarre Oss Kröher

bezeichnet.[8] In seinem Vorwort zu dem 2011 erschienenen facettenreichen Buch von Oss, „Auf irren Pfaden durch die Hungerzeiten", hat er vor allem betont, dass er zusammen mit Heiner als leidenschaftlicher Sänger die wirren Nachkriegsjahre und die anfängliche Orientierungslosigkeit der jungen Generation nicht zuletzt auf musikalische Weise bewältigt habe.[9] Die beiden Brüder waren typische Vertreter einer Generation, die der Soziologe Helmut Schelsky zunächst als „skeptische Generation" bezeichnet hat, die dann aber in der Folgezeit „HJ-Generation" und später „45er-Generation"

[7] Ebd., S. 186.
[8] A. Klönne in puls 18, Witzenhausen 1990, S. 2.
[9] Erschienen Merzig 2011 mit einem Vorwort von Arno Klönne, S. 5 f.

genannt wurde. Führende Leute dieser Altersgruppe haben, so heißt es, seit Ende der 1950er Jahre nach den Jahren der „Restauration" schließlich eine Art „zweite Gründung der Bundesrepublik" in Gang gesetzt.[10] Auf die jungenschaftliche Jugendbewegungsszene und die bündische Nerotherszene um Burg Waldeck im Hunsrück bezogen, die Oss und Heiner seit 1948 zunehmend in ihren Bann gezogen haben, ist festzustellen, dass Lebensringe ja nicht zuletzt deshalb „alsobald und fort und fort" gedeihen, weil man u. U. dann in Kreise gerät, die einem viele neue Horizonte erschließen. Für Oss ist das vor allem der Maulbronner Kreis. Oss hat die oft auch „irren Pfade" in diesen Zusammenhängen in seinem Buch von 2011 breit dargestellt. Ein entscheidendes Ereignis in diesem Sinn war 1948/49 ein großes Winterlager bei Haltern nördlich des Ruhrgebiets, bei dem sich eine Vielzahl von Horten aus Nord- und Westdeutschland bis Süddeutschland traf, um einen neuen Jungenschaftsbund zu gründen. Die um 1920 geborenen damaligen Führer, allen voran Michael Jovy-mike aus Köln und Walter Scherf-tejo aus Göttingen, waren hier noch die Hauptakteure, wollten aber den Staffelstab bald darauf an die nachfolgende Altersgruppe, also die Ende der 1920er Jahre Geborenen, die „45er", weitergeben. Der Widerhall des Winterlagers in Haltern, so Oss, habe bei ihm noch lange nachgeklungen: „Die Klänge und Stimmungen, die Eindrücke und Ausdrücke glühen und wärmen Hein und mich von ganz tief innen. Wir haben in der Jungenschaft nicht nur neue Lieder gelernt und sind mit gleichgesinnten Gefährten auf Fahrt gegangen, wir fanden zu uns selbst. Wir wissen jetzt, wohin wir gehören, nämlich zu den Werktätigen, zu jenen, die durch ihre Arbeit die Welt verändern und besser machen."[11]

---

[10] S. dazu, bezogen auf die „Frankfurter Schule", Clemens Albrecht u. a.: Die intellektuelle Gründung der Bundesrepublik, Frankfurt/New York 1999, sowie Franz-Werner Kersting u. a. (Hg.): Die zweite Gründung der Bundesrepublik. Generationenwechsel und intellektuelle Wortergreifungen 1955–1975, Stuttgart 2010.

[11] Zu Haltern s. in dem Buch von Oss S. 193–200, Zitat S. 200. Ein entscheidender Begriff in der Jungenschaftsbewegung in dieser Hinsicht war der auf den

Damit soll der fünfte Ring enden und gleichzeitig ein Bogen geschlagen werden zu jener von Oss auf sich persönlich bezogenen und als lebensentscheidend gedeuteten Beziehung zwischen „Heimat und Welt"[12] – konkret zwar einerseits jeweils auf seine aktuellen Lebensräume in der Vorkriegs-, Kriegs- und Nachkriegszeit bis heute, Stichwort „Pirmasens", bezogen und später auf seine vielen Weltreisen, beginnend mit seiner grandiosen Motorradfahrt 1951 „vom Rhein zum Ganges", andererseits vor allem aber auf seine immens überzeugende Darstellung der lebensbegleitenden psychischen Wechselbeziehungen zwischen den beiden Horizonten Heimat und Welt. Dass das Musikalische dabei für ihn und Heiner eine entscheidende Rolle gespielt hat und beide uns alle damit seit Jahrzehnten begeistert haben, sei jetzt abschließend noch mit großem Dank erwähnt![13]

Gründer der dj.1.11, Eberhard Koebel-tusk, zurückgehende Begriff „Selbsterringung".

[12] S. dazu Anm. 5.

[13] Inzwischen gibt es seit kurzem eine Gesamtausgabe aller von Hein und Oss gesungenen Lieder auf siebzehn CDs. Publiziert hatten beide schon früh im Anschluss an die Singefestivals auf Burg Waldeck von 1964 bis 1969 einen Überblick, in dem sie ihr Liedgut und dessen Umfeld dargestellt haben: Oss & Hein Kröher: Rotgraue Raben. Vom Volkslied zum Folksong. Heidenheim 1969 (mit einem Geleitwort von Helmut Gollwitzer); es folgte dann acht Jahre später das äußerst erfolgreiche und auch preisgekrönte, von Hein und Oss herausgegebene Liederbuch: Das sind unsere Lieder. Büchergilde Gutenberg, Frankfurt 1977 (illustriert von Gertrude Degenhardt).

11

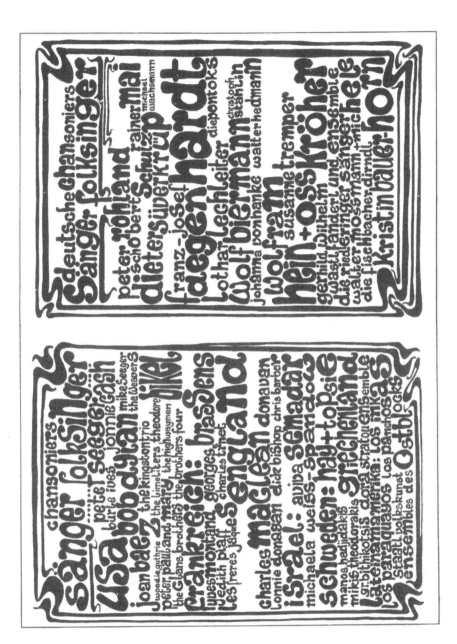

Plakat von Peter Bertsch (Fuchs), aus Rotgraue Raben

Eckard Holler (zeko)

Lobrede auf Oss Kröher zum 90. Geburtstag

Oss Kröher begeht am 17. September 2017 seinen 90. Geburtstag. Zu diesem Ehrentag, den nur ganz wenige so vital wie Oss erreichen, will ich ihm meine Lobrede widmen. Uns verbindet die Jugendbewegung und das deutsche Folk-Revival. Der Jugendbewegung verdankt Oss die unglaubliche Vitalität, die ihm ein Doppelleben als Hauptschullehrer und als fahrender Sänger erlaubte, wobei er das Kunststück fertigbrachte, seinen bürgerlichen Beruf des Pädagogen mit seinem Zielberuf des freien Sängers zu vereinbaren und schließlich an leitender Stelle für die musikalische Lehrerfortbildung tätig zu werden.

Der berufliche Aufstieg fiel jedoch nicht vom Himmel, sondern musste hart erkämpft werden, u. a. durch ein dreijähriges Pädagogikstudium mit Staatsexamen im vorgerückten Alter von 45 Jahren, das er mit Auszeichnung absolvierte.

Die Leidenschaft für die Volkslieder, gepaart mit enormem Fleiß, waren der Schlüssel zum Erfolg. Aus dem gelernten Kaufmannsgehilfen und Handlungsreisenden für verschiedene Schuhfabriken wurde ein gefeierter Sänger, Lied- und Heimatforscher, der zu den angesehensten Bürgern seiner Geburtsstadt Pirmasens gehört.

Waldeck-Festival 1964–1969

Eine große Bedeutung für die Entwicklung des Gesangsduos „Hein & Oss", das Oss mit seinem Bruder Heiner gründete, hatte das Waldeck-Festival, das unter dem Titel „Chanson Folklore International" von 1964 bis 1969 alljährlich im Hunsrück veranstaltet und zur Geburtsstätte des „neuen deutschen Lieds" und zur „Wiege" der deutschen Liedermacher wurde. Maßgebende deutsche Teilnehmer waren neben Hein & Oss u. a. Franz Josef Degenhardt, Peter Rohland, Reinhard Mey, Hannes Wader, Walter Mossmann, Christof Stählin, Dieter Süverkrüp, Fasia Jansen, Hanns-Dieter Hüsch, Kristin Bauer-Horn und Walter Hedemann. Von Peter Rohland stammte die Festivalidee, dem französischen Chanson „eine eigenständige deutsche Chansonkunst" entgegenzusetzen. Diethart Kerbs übernahm die künstlerische Leitung. Oss und sein Zwillingsbruder Heiner brachten zusätzlich die Idee eines „Bauhauses der Folklore" ein. In der Folge war die Folklore zwar quantitativ in der Überzahl, der harte Kern der Festivalmacher wollte aber nicht mehr gemeinsam Volkslieder singen, sondern suchte nach neuen, zeitbezogenen Liedern, die man anhören und in den politischen und kulturellen Auseinandersetzungen der Gegenwart einsetzen konnte.

Zur allgemeinen Überraschung gab es unter den 1964 auftretenden Sängern bereits mehrere Vertreter dieses neuen Liedtyps, die sich „Liedermacher" nannten bzw. so genannt wurden. Wolf Biermann, der den Begriff geprägt hatte, war eingeladen, wurde jedoch von den DDR-Oberen an einer Teilnahme gehindert. Biermanns Abwesenheit wurde zur Sternstunde von Franz Josef Degenhardt, der mit den Erzählliedern seiner ersten LP „Zwischen Null Uhr Null und Mitternacht" die Zuhörer derart faszinierte, dass sie ihn zum „König der Waldeck" ausriefen. Oss Kröher ist mir noch gegenwärtig mit einem vertrackt-komischen Lied von einem Holzknecht im steiermärkischen Dialekt mit dem Titel „Der Saubärgrunzer". Das war sehr originell, lag jedoch völlig neben der Festivalidee vom „Chanson" bzw. vom „neuen Lied". Ich vermute, dass Oss meine damalige Sicht inzwischen gut verstehen und vielleicht sogar teilen kann. Offenbar war es die Verlegenheit, kein für dieses Festival geeignetes Programm zu haben, die ihn zum Vortrag gerade dieses Liedes motivierte.

Demokratische Revolutionslieder

Gefragt waren beim Waldeck-Festival jedoch nicht mehr die unpolitischen Volkslieder, so originell sie auch sein mochten, und noch weniger die von roten und blauen Blümelein handelnden romantischen Lieder, die den Zustand der Welt verklärten, sondern die Bauernklagen aus früheren Jahrhunderten, die sozialkritischen Lieder des Weberaufstands, die Lieder unterdrückter Minderheiten und randständiger Bevölkerungsgruppen wie der Zigeuner oder der Landstreicher. Unbekannt waren 1964 noch die Lieder der deutschen Freiheitsbewegung im 19. Jahrhundert, die zur heutigen Demokratie führte. Es war deshalb ein musikalisches und politisches Ereignis, als der Waldecker Sänger Peter Rohland beim 2. Waldeck-Festival 1965 in einem Workshopkonzert über die Lieder der demokratischen Revolution von 1848 berichtete und einige davon zur Gitarre vortrug.

Die Kröher-Zwillinge erfassten sofort die außerordentliche Aktualität gerade dieser Lieder und übernahmen sie nach Peter Rohlands frühem Tod am 4. April 1966 als Erbe und Verpflichtung zur Fortführung seines Werks. Zusätzlich unternahmen sie eigene gründliche Nachforschungen, die u. a. zu dem Liederbuch „Die Liederpfalz" (1991) führten. Die Ernsthaftigkeit der Erforschung dieser Lieder und die Authentizität des Vortrags weckten das Interesse der hohen Politik. Der Ministerpräsident von Rheinland-Pfalz, Kurt Beck, wurde ein Fan von ihnen, und Bundeskanzler Willy Brandt lud sie 1977 zur Begleitung auf seiner Pfalz-Wanderung ein, nachdem sie schon 1975 auf dem Bundesparteitag der SPD mit ihm „Wann wir schreiten Seit' an Seit'" gesungen hatten. Mit den demokratischen Revolutionsliedern von 1848/49 wurde das Duo Hein & Oss in Deutschland bekannt; die Kröhers wirkten im Ausland als musikalische Botschafter der deutschen Demokratie. 1988 erhielten sie in Anerkennung ihrer Tätigkeit das Bundesverdienstkreuz am Bande und 2000 das Bundesverdienstkreuz 1. Klasse.

Das Kröher-Duo erarbeitete sich in seiner über 50jährigen Bühnenpraxis ein breites Repertoire, das 1966 mit kritischen Soldatenliedern begann und bis zur Gesamtausgabe im Jahr 2013 17 CDs umfasste. Hinzu kamen Lieder von Jägern, Seeleuten, Cowboys und Partisanen, die Lieder von Brecht sowie die kommunistischen Arbeiterlieder. Den Schwerpunkt des Programms bildeten jedoch die politischen Lieder des Vormärz und der demokratischen deutschen Revolution von 1848/49. An diesen Liedern versuchten sich zwar etliche andere Sänger auch, ohne jedoch die Authentizität des Vortrags von Hein & Oss zu erreichen.

Folkszene der 1970er Jahre

Ich hatte in den 1970/80er Jahren in Tübingen als Leiter des Club Voltaire und des Tübinger Festivals einen professionellen Kontakt zu dem Sänger-Duo Hein & Oss, der aber unter den Gesetzmäßigkeiten der damaligen Folkszene stand und nicht ganz einfach war. Denn die Folkies mochten den Gesangsstil von Hein & Oss nicht. Der Streit ging nicht um den gedanklichen Gehalt der Lieder – der war Konsens –, sondern um den „Sound". Man muss wissen, dass das deutsche Folk-Revival der 1970er Jahre stark von der irischen Folkmusik inspiriert war und sich dadurch auch von den Waldeck-Festivals unterschied. „Clannad", „Eddie & Finbar Furey" oder das „Irish-Folk-Festival-on-Tour", das Carsten Linde durch die Republik schickte, gaben den „Sound" vor. Da Hein & Oss ihm nicht entsprachen und ihr Gesang zur Gitarre mehr aus der Tradition des Zupfgeigenhansls kam, bedurfte es des Einsatzes meiner ganzen Autorität als Club- und Festivalleiter, um ihre Einladung zu Auftritten im Club Voltaire und zu den Tübinger Festivals 1975 und 1984 durchzusetzen. Im Programmbuch von 1984 hieß es dann auch: „Ihre Lieder zeichnen sich generell weniger durch einen aktuellen Sound als durch eine Verpflichtung dem Inhalt der Lieder gegenüber aus. Die Kröhers empfinden sich auch nicht nur als Sänger, sondern auch als Forscher und Volkskundler, die Herkunft, Bedeutung und gesellschaftlicher Kontext des Gesungenen interessieren." Hinzu kam, dass ihre Gagenvorstellungen in einer höheren Liga angesiedelt waren als bei den meisten anderen Sängern und Gruppen, was selbstfinanzierte Folkclubs vor Probleme stellte. Denn eine Gage von 600,– DM, die erwartet wurde, führte im Club Voltaire Tübingen im Jahr 1976 selbst bei einem ausverkauften Haus zu einem Defizit, da der Eintritt aufgrund des Selbstverständnisses der Folkszene 6,– DM nicht überschreiten durfte, höchstens 100

Oss in Maulbronnn, Mai 2006.
Foto: Uwe Biermann

Plätze vorhanden waren und neben der Gage auch die Plakatwerbung und die Künstlerübernachtung Kosten verursachten. Ein Defizit mit einem gut besuchten Konzert einzufahren, war jedoch existenzbedrohend.

Liederforscher und Liederbuchherausgeber

National und international gefragt waren Oss & Hein mit ihrem Œuvre von über 1500 Volks- und Kunstliedern als Auskunftstelle für das deutsche Lied. Volksliedforscher aus aller Welt gaben sich bei ihnen in Pirmasens ein Stelldichein. Durch seine Liedkenntnisse konnte Oss u. a. den Streit unter den bündischen Freunden, schlichten, ob das Lied „Ihr lieben Kameraden" aus tusks Liederheft „Lieder der Eisbrechermannschaft" von 1933 noch gesungen werden dürfe, da der Refrain „Heute sind wir rot, morgen sind wir tot" für Anstoß gesorgt hatte. Die Gemüter beruhigten sich erst wieder, als Oss mitteilen konnte, dass das Lied von dem liberalen Schweizer Wandervogel und populären Liederdichter Hans Roelli (1889–1962) stammte, der ein Gegner der Nazis war. tusk nahm allerdings eine für seine „soldatische" Einstellung bezeichnende Textänderung vor und „militarisierte" das Lied, indem er die ursprüngliche Textzeile „Wir ziehen in die Welt" zu „Wir ziehen in das Feld" veränderte. Oss überzeugte die beiden Parteien jedoch mit der Auffassung, dass die Liedfassung von Hans Roelli unverfänglich sei und weiterhin gesungen werden könne. (Anmerkung: Nicht berücksichtigt wurde in der Diskussion, dass Hans Roelli dieses Lied aus seinem Repertoire nahm, nachdem er es in einem NS-Liederbuch gefunden hatte.) Oss bemerkte auch kleine, eigentlich unzulässige Texteingriffe seiner Sangeskollegen, z. B. von Peter Rohland in dem Handwerksburschenlied „Es wohnte ein Krauter" an einer etwas „derben" Stelle des Originaltextes.

Bei den Liedern der Revolution von 1848/49 entging ihm nicht, dass die Melodien oft nicht neu komponiert, sondern von bekannten Liedern übernommen und mit einem neuen Text versehen waren. Ein Beispiel dafür ist das bekannt gewordene Lied „Ob wir rote, gelbe Kragen, Helme oder Hüte tragen", das auf die Melodie von „Prinz Eugen, der edle Ritter" gesungen wird, einer Ballade, in der die Erstürmung der Festung Belgrad und die Vertreibung ihrer türkischen Besatzung im Jahr 1717 durch Prinz Eugen besungen wurde.

Mit den „Rotgrauen Raben", dem Buch über die Waldeck-Festivals, begannen die Kröher-Zwillinge 1969 eine umfangreiche Buchproduktion, die über 30 Titel erreichte. Es entstanden neben Liederbüchern, Fahrtenberichten und Abenteuergeschichten auch heimatkundliche und ornithologische Publikationen sowie umfangreiche Lebenserinnerungen.

Herbstwanderung mit Willy Brandt. Der ehemalige Bundeskanzler und Friedensnobelpreisträger stimmte gerne mit ein in die Gesänge der Kröhers.
Foto aus Oss Kröher: Fahrende Sänger. Baunach 2015, S. 450

Der neue Volksliedbegriff

Die wichtigsten Werke sind die beiden aufwendig gestalteten Liederbücher „Das sind unsere Lieder" von 1977 und „Die Liederpfalz" von 1991. Sie wurden von Hein und Oss gemeinsam herausgegeben und enthalten zusammen ca. 400 Lieder, die nach den Kriterien des neuen Volksliedbegriffs der zur empirischen Kulturwissenschaft veränderten Deutschen Volkskunde ausgewählt wurden. Neu ist die Erweiterung des Verständnisses vom Volkslied, das von der romantischen Volksliedforschung auf das singende Landvolk eingeengt wurde. Ergänzt wurde der Volksliedbestand um die Lieder der städtischen Arbeiterschaft, des Arbeitskampfes und der politischen Kämpfe um die Demokratie sowie um die Lieder unterdrückter Minderheiten, wobei unter „Volk" mit Ernst Bloch jene verstanden werden, „die gemeinsam Not leiden".

19

„Schläft ein Lied in allen Dingen …"

Die Lebenserinnerungen von Oss Kröher, die er in den letzten Jahren vorgelegt hat, sind durchsetzt von Liedern, mit denen er die Welt erklärt. Sein Verfahren erinnert an das Eichendorff-Wort von den Liedern, die in den Dingen schlafen und auf das Zauberwort warten, das sie erweckt und die Welt zum Singen bringt.

Für die Suche nach diesem Zauberwort ist der Maulbronner Kreis für Oss Kröhers Biografie von Bedeutung, der 1956 nach tusks Tod gegründet wurde und im Gedenken an ihn seitdem in Maulbronn zusammenkommt. Die Kröher-Zwillinge waren Gründungsmitglieder und bis heute regelmäßige Teilnehmer der Treffen. Dort konnte ich die beiden Zwillinge mit ihren Gesängen und Fabelgeschichten aus der Nähe erleben und hatte im milden Kerzenlicht des Eselstalls die Illusion, von zwei aus Wallensteins Lager entlaufenen Gauklern auf eine Zeitreise durch die vergangenen Jahrhunderte mitgenommen zu werden. Sie verfügten über die Zauberworte, die der besungenen Historie Wirklichkeit verliehen. Ich fuhr mit König Olaf Trygvasons Mannschaft im Schlangenschiff über das Nordmeer, zog mit dem Landsknechtsheer gen Rom, baute mit Prinz Eugen die Brücke, mit der die Festung Belgrad von den Türken befreit wurde, begleitete die Prager Studenten zum Tore hinaus in die Weite und suchte mit der bulgarischen Räuberbande Zuflucht im verschwiegenen Wald. Die von Hein & Oss besungene Historie war derart authentisch, dass sie als selbst erlebt erschien und zur Identifikation einlud.

Mir bleibt nur, Oss Kröher für sein Lebenswerk zu danken. Vorbildlich erscheint mir in seinem gesamten künstlerischen Schaffen die volkspädagogische Absicht, die Ideen der Freiheit, Gleichheit und Brüderlichkeit zu verbreiten. Bemerkenswert ist, dass Oss Kröher sich als eine Quelle seiner Motivation und Vitalität auf die deutsche Jugendbewegung und auf tusk, den genialen Jugendführer und Gründer der dj.1.11, beruft.

Fritz Schmidt (fouché)

Oss Kröher – Sänger und Connaisseur

Zwar habe ich in meiner Jugendzeit gelernt, Zwillinge ausein-anderzuhalten, allerdings vom weiblichen Geschlecht … Bei den Kröher-Zwillingen befand ich mich da immer im Zweifel, seit ich sie um 1990 herum im Maulbronner Kreis persönlich kennengelernt habe: Sie erschienen wie in eins! Bis zum 14. Februar 2016, als Heiner Kröher verstarb, nachdem er, schon krank, im September 2015 die Urne mit der Asche Berry Westenburgers zu Grabe getragen hatte.

Bei meinen Betrachtungen beschränke ich mich auf das Jugendbewegte im Kröherschen Zwillings-Dasein, denn Eby hat sich in seinem weitausgreifenden Rückblick auch dem Familiären und Schulisch-Beruflichen gewidmet, helm dem Liederschaffen.

Natürlich waren mir die Kröhers als Sänger und Herausgeber von Liederbüchern bereits vorher bekannt, vor allem mit dem voluminösen Band „Das sind unsere Lieder" (Illustrationen Gertrude Degenhardt), publiziert im Jahre 1977 bei der Büchergilde Gutenberg, deren Altmitglied ich bin (und deren Buch „Joseph Fouché" von Stefan Zweig ich meinen Übernamen verdanke).

In Maulbronn nun präsentierten sich die Zwillingsbrüder nicht nur als Sänger und Gitarristen, sondern auch als unterhaltsame, wortgewaltige Connaisseurs auf verschiedensten Gebieten, in Heimat- und Tierkunde, als Kenner Frankreichs wie als solche der Geschichte der Jugendbewegung, aber – das sei nicht verschwiegen – sie konnten auch Widerspruch ernten und ertragen. Denn der Eselstall in Maulbronn war und ist nicht nur Treffpunkt weinseliger Jugendbewegungsveteranen (wie verlautbart worden ist), sondern auch Erzähl- und Diskussionsforum.

Eine Kontroverse wurde öffentlich im „Köpfchen", der Zeitschrift der Arbeitsgemeinschaft Burg Waldeck, ausgetragen, zwischen Heiner Kröher und Karl von den Driesch über das Entstehungsjahr des Liedes von Rudi Rogoll, „Saßen vier beisammen". – Das Lied wurde, wie Heiner postulierte, 1951 geschaffen: Im März dieses Jahres starteten die Pirmasenser Oss Kröher und Gustav Pfirrmann auf dem Motorrad ihre Indien-Reise. Zu Beginn des Wegs dorthin trafen sie Ostern 1951 am Gardasee auf die schwäbischen Jungenschaftler um Muschik, Fritz Jeremias, und die BDP-Pfadfinder aus Krumbach/Bay. Schwaben, mit Rudi Rogoll.

Oss vermerkt in seinem Buch „Das Morgenland ist weit. Die erste Motorradreise vom Rhein zum Ganges" (Blieskastel 1997, S. 26): „Am Ostersamstag 1951, als wir angekommen waren, sahen wir in Riva die erste Palme am Bootshafen stehen, wo Rudi Rogoll in der Kneipe sein großes Lied schreiben sollte: ‚Saßen vier beisammen'." Allerdings gibt Rudi Rogoll selbst auf einem Notenblatt das Jahr 1952 an, und so steht es in allen Liederheften – ein Streit um des Kaisers Bart also, wie er unter Jugendbewegten nicht selten ist, denn ob 1951 oder 1952 bleibt sich gleich ...

Bemerkenswerter ist die oben angezeigte Motorradreise der beiden Pirmasenser. Nicht nur der Wagemut, die äußeren Bedingungen mit zahlreichen Pannen an dem altersschwachen Gefährt aus dem Ende der 1920er Jahre, die Beschaffung von Geldmitteln mit bühnenreifen Auftritten – Gustav als Zauberkünstler, Oss als Sänger zur Gitarre – beeindrucken – Oss fährt in seinem Buch fort, zu Beginn ihrer Reise, am Gardasee: „Hier ging unsere Jugend zu Ende. Erwachsen wurden wir trotzdem nie." (Ebd.) – Einigen frühen Fußstapfen der Nie-Erwachsen-Gewordenen soll anschließend nachgespürt werden.

Die Kröher-Zwillinge Heinrich und Oskar kamen am 17. September 1927 in der Schuhstadt Pirmasens auf diese Welt, Heiner ein paar Minuten früher als Oss. Ab ihrem zehnten Lebensjahr gehörten die beiden wie im sogenannten III. Reich üblich dem Deutschen Jungvolk in der Hitler-Jugend an. Den „Pfad des Gesanges" und der Musik zu beschreiten, wie es aus der „Regentrommel"

Krumbacher Pfadfinder auf dem Weg nach Riva am Gardasee,
Ostern 1951. Zweiter von links Rudi Rogoll

Rolf Tietgens' anklingt, wurde Hein und Oss offensichtlich in die
Wiege gelegt. (Im weiteren Verlauf seines Lebens schreitet Oss
noch weiter aus; er hat mehr geschrieben als sein Bruder, hat pa-
ckend formuliert, und je älter, desto besser – ein Homme de Lettres
mit der Attitüde des Grandseigneurs ...)

Die Passion zum Gesang kam denn auch bereits im NS-Regime
zur Geltung, das den Zwillingen widerstreitende Gefühle be-
scherte: Einesteils konnten sie sich der alles beherrschenden Pro-
pagandamaschinerie nicht entziehen, andernteils sahen sie, daß
viel Schein das Sein im Nationalsozialismus bestimmte. Schließlich
kamen sie nicht umhin, sich als Siebzehnjährige bei „Preußens"
einzufinden, wie ein zeitgenössischer Ausdruck für das Militär
lautete, obwohl sie als Süddeutsche – die Pfalz gehörte sogar vom
Wiener Kongreß bis zum Ende des Zweiten Weltkriegs zu Bayern
– mit den Preußen nicht viel am Hut hatten. Ihr militärischer Hut
wurde Anfang 1945 die Matrosenmütze, worunter sie sich frei-

willig meldeten, wobei beide zeit ihres Soldatseins kein Kriegs-
schiff betreten haben und die Mütze bald mit dem Stahlhelm ver-
tauscht werden mußte: Oss wurde vom Marinekommando in
Stralsund als Infanterist an die Oderfront befohlen und dort durch
Granatsplitter verwundet. Schließlich in britische Kriegsgefangenschaft geraten, sah er Mitte Januar 1946 die bombenzerstörte
Heimatstadt und seine Familie wieder.

Die Kröhers lernen also im bettelarmen Nachkrieg, neben Neu-
Zeitgenössischem z. B. aus dem US-Soldatensender AFN, ältere
Jugendbewegte und deren Lieder kennen: „Am Straßenrand im
weiten Land, da gab es der Freuden viele", „Es liegt etwas auf den
Straßen im Land umher", „Wer will mit uns nach Island ziehn, den
Kabeljau zu fangen". Unbekannte Literatur erscheint: „Raubfischer
in Hellas" von Werner Helwig, „Die Weise von Liebe und Tod des
Cornets Christoph Rilke" von Rainer Maria Rilke, und es erschei-
nen die Brüder Siegfried und Roland Schmidt aus Speyer am
Rhein.

> „am 4. januar 1948 haben sich die jungenschaftskreise kiel, ludwigs-
> burg, köln, minden, göttingen zum bund ‚deutsche jungenschaft'
> zusammengeschlossen. führungsorgan ist die reichshorte, die sich
> gebildet hat aus: heinpe, teja, meik, hajo, tejo und siegfried schmidt,
> der die jungenschaftsgruppen der frz. zone vertritt."

Siegfried Schmidt, der in obiger Ankündigung auftaucht, und
sein Bruder Roland, letzterer Jahrgang 1917, Siegfried wohl etwas
älter, stammten aus dem jugendbewegten Milieu, das die Pirmasenser von nun an gefangennehmen sollte.

Das heißt, die Schmidt-Brüder (mit mir nicht verwandt) fanden
1933, nach der sogenannten „Machtübernahme" des Nationalsozialismus, in die Trucht von Karl Christian Müller, teut, waren
jedoch sowohl mit dem Nerother Wandervogel wie mit dj.1.11, der
Deutschen Jungenschaft vom 1. November 1929, gegründet von
Eberhard Koebel, tusk, vertraut. So tradierte Siegfried, der eher den
Ideologen gab − den musischen Part spielte Roland −, nach 1945

24

das dj.1.11-Bundeslied „Verlaßt die Tempel fremder Götter". Außerdem war Siegfried, von Beruf Arzt, verlegerisch aktiv; er brachte u. a. lange Jahre den Nachrichtendienst „Erkenntnis und Tat" sowie Liederhefte und bündische Zeitschriften heraus.

Zuvor, 1933 und in den Jahren darauf, bildete der Kreis um die Schmidts innerhalb der Trucht eine „Verlorene Rotte", die, als teut die Trucht gegen großen Widerstand in die HJ eingliederte, darin eigenständig bleiben wollte – was Illusion bleiben mußte und Siegfried Schmidt die Bekanntschaft mit der Gestapo eintrug …

Siegfried Schmidt, das darf nicht verschwiegen werden, trat ein für „Deutschgläubigkeit" sowie für „Rasse und Volkstum" – zumindest in letzte Richtung tendierte auch die „Tatgemeinschaft", die 1946 von den Brüdern gegründet wurde.

An diese „Tatgemeinschaft", in der Mädchen zusammen mit Jungen sangen, Theater spielten und auf Fahrt gingen, gerieten die Kröhers und machten die Osterfahrt 1948 mit. Wieder neue Lieder und Erkenntnisse; sie erfuhren Näheres über Bert Brecht, über die Oelbermänner: Jetzt „geht uns erstmals das verbrecherische Wesen des Nationalsozialismus so richtig auf", resümiert Oss, und Pfingsten geht es mit der „Tatgemeinschaft" auf die Burg Waldeck im Hunsrück, jenseits der Nahe, der Noh, wie man dort sagt. Die kleine Pirmasenser Gruppe nennt sich nun Backbordwache. Zum Jahreswechsel 1948/49 nehmen die Schmidts die Kröhers mit auf das Bundestreffen der Deutschen Jungenschaft nach Haltern, den Ort, aus dem vor zwei Jahren eine Schulklasse bei dem Flugzeugunglück in den südfranzösischen Alpen ums Leben kam. Zum ersten und letzten Mal traf sich die Deutsche Jungenschaft zu solch einem Fest. Dort lernten die Kröhers Muschik, Fritz Jeremias, mit seinen Ludwigsburgern kennen und konnten in deren wintertüchtig gemachten Kohte Quartier beziehen, woraus sich Freundschaften und schließlich der Maulbronner Kreis ergaben.

Daß hinter den Kulissen ein Ringen um Formen und Inhalte des Bundes stattfand, das sich natürlich auch an Personen festmachte, bekamen die Kröhers nicht mit. Sie faszinierten Ernst-Busch-Lieder

Bundeslager Haltern 1948/49.
DJ Bad Godesberg-Mehlem spielt den Totentanz.
Links angeschnitten Michael Jovy

aus dem Spanischen und Gesänge aus dem Russischen Bürgerkrieg, kulminierend in den „Partisanen vom Amur". Oss zieht ein
Fazit: „Der Widerhall des Winterlagers Haltern klingt noch lange
nach. [...] Wir haben in der Jungenschaft nicht nur neue Lieder
gelernt und sind mit gleich gesinnten Gefährten auf Fahrt gegangen, wir finden zu uns selbst." Und während sich die Deutsche
Jungenschaft nach Haltern zersplittert, beginnt für die Kröhers, für
ihr „zwillingsbrüderliches Singen eine neue Epoche, eine größere
Dimension"...

Oss, mnogaia leta, noch viele Sommer, viele Jahre!

Zitate aus Oskar Kröher: Auf irren Pfaden durch die Hungerzeiten. Privatdruck, Pirmasens 2011

26

Eberhard Schürmann (Eby)

1927 bis 2017
Neunzig Jahre erfülltes Leben mit Liedern

Dieses außerhalb der üblichen Erscheinungsweise veröffentlichte Heft seiner Schriftenreihe widmet der Mindener Kreis einem seiner ältesten und bekanntesten Mitglieder: dem Rektor im Ruhestand, Volkssänger, Liederdichter, Protestsänger, Chansonnier, Komponisten und Naturschützer Oskar Kröher, der jahrzehntelang im In- und Ausland mit seinem Zwillingsbruder Heinrich als „Hein & Oss" auf den Bühnen der halben Welt seine Sangeskunst zur großen Freude der vielen Zuhörer vorgetragen hat. Trotz ihrer großen internationalen Erfolge blieben Oss bis heute und sein Bruder Heiner bis zu seinem Tod am 14. Februar 2016 ihrer Pfälzer Heimat eng verbunden. Oss ist nicht nur ein Sänger und begnadeter Gitarrist, sondern hat auch eine „poetische Ader". Auch ist er ein Erzähler von hohen Gnaden, der die von ihm zu Papier gebrachten Geschichten mit starker Empathie für seine Zuhörer vorzutragen vermag. In fünf zwischen 360 und fast 600 Seiten umfassenden Büchern hat er die Erfahrungen der langen Wanderung durch sein Leben beschrieben:

In „Ein Liederleben – Eine Jugend im Dritten Reich" (Selbstverlag 2007, im folgenden zitiert als „Liederleben") beschreibt er sein Heranwachsen in der elterlichen Familie mit der fünf Jahre älteren Schwester Selma (benannt nach Selma Lagerlöf) und dem nur wenige Minuten älteren Bruder Heiner im pfälzischen Pirmasens und im bündisch gefärbten Jungvolk (ab 1934) und später der Hitlerjugend, weiterhin seine Kriegserlebnisse von der Aufnahmeprüfung zur Marine in Wien (Anfang August 1944) über die leichte Verwundung an der Oderfront Ende April 1945 und die Gefangen-

nahme durch die Amerikaner in Schwerin Anfang Mai 1945 bis zur „Selbstentlassung" in Kiel und zur Heimkehr nach Pirmasens am 15. Januar 1946.

Die Kröhers auf dem Treffen des Mindener Kreises 1991 in Rastatt.
Foto:
Berry Westenburger

Das Buch „*Auf irren Pfaden durch die Hungerzeiten*" (Selbstverlag 2011, im folgenden zitiert als „Hungerzeiten") schildert die Erlebnisse in den Wirren der Besatzungsjahre und die „Schwierigkeiten einer neuen Orientierung" (Arno Klönne im Vorwort zu „Hungerzeiten") mit dem Schulabschluss im Frühjahr 1947. Die schwierigen Jahre der Ausbildung als Kalkulator in der Schuhindustrie bringen auch berauschende Erfahrungen in der dj.1.11. Das Buch endet mit einem kurzen Rückblick auf die legendäre Indien-Reise auf dem Motorrad der Jahre 1951–1952.

Schon zuvor war unter dem Titel „*Das Morgenland ist weit – Die erste Motorradreise vom Rhein zum Ganges*" (im folgenden zitiert als „Morgenland") der ausführliche Bericht über die Reise erschienen, die Oss mit seinem Freund Gustav Pfirrmann vom 15. März 1951 bis zum Sommer 1952 unternahm. Sie wurde finanziert durch Auftritte in den Reiseländern als Zauberer und Sänger. Der Bericht ist in vier Auflagen als Hardcover und vier als Taschenbuch, insgesamt 24000 Exemplare, erschienen und gilt „bei Großfahrtbrüdern und -schwestern als Kultbuch". Oss hat daraus selber vielfach vorgetragen und im Februar 2005 drei von ihm eingelesene CDs beim Pläne Verlag als Hörbuch pressen lassen.

Die dritte Autobiografie, *„Vom Lagerfeuer ins Rampenlicht"* (künftig zitiert als „Lagerfeuer"), ist im Juli 2013 im Spurbuchverlag erschienen und berichtet über die Jahre als Familienvater und Handelsvertreter sowie Lehrer an amerikanischen Schulen bis zur Gründung des Festivals „CHANSON FOLKLORE INTERNATIO-NAL" auf der Burg Waldeck, erstmals durchgeführt zu Pfingsten 1964.

In *„Fahrende Sänger"* (Spurbuchverlag 2015) beschreibt Oss sein Leben in den 1960er bis 1980er Jahren, den Übergang vom „Singen am Lagerfeuer" mit den bündischen Freunden zu den weltweit bejubelten Auftritten von „Hein & Oss" auf zahlreichen Bühnen, aber auch das Martyrium seiner ersten Frau Trudel, der Mutter seiner Söhne Till (geb. 1954) und Florian (geb. 1956), die vom Winter 1971/72 bis zu ihrem frühen Tod am 10. Oktober 1989 an Multipler Sklerose gelitten hat.

Mit diesem zusammenfassenden curriculum vitae soll versucht werden, den Mitgliedern und Freunden des Mindener Kreises und des Maulbronner Kreises, den Oss gemeinsam mit seinem kaum eine Minute älteren Zwillingsbruder Hein mitbegründet hat, einen Eindruck von Leben und Wirken unseres Jubilars zu vermitteln, ohne die genannten fünf autobiografischen Bücher mit insgesamt mehr als 2000 Druckseiten vollständig lesen zu müssen.

Geboren wurden „Hein & Oss" am 17. September 1927 in Pirmasens auf dem HOREB. Das ist ein kleines bürgerliches Stadtviertel auf der mit 435 m höchsten Erhebung der in der Nähe der Grenze zu Lothringen liegenden, als „Deutsche Schuhmetropole" bekannten Stadt. Das Einfamilienhaus in der Klosterstraße 29, Ecke Feldstraße, in der die Eltern mit der schon fünf Jahre zuvor geborenen Tochter Selma damals wohnten, war vom früh verstorbenen Vater des Vaters 1901 erbaut worden, so dass auch der Vater in diesem Haus schon großgeworden ist. Die Mutter war in einem wohlhabenden Bauernhof aufgewachsen und hatte sich vor dem Ersten Weltkrieg mit dem Vater verlobt. Die beiden konnten aber erst nach Entlassung des Vaters aus Kriegsgefangenschaft im Jahre 1919 heiraten. Als der Vater der Mutter 1927 starb, hat diese einen Großteil ihres Erbes in die Modernisierung des Hauses Klosterstraße 29 investiert, so dass Oss und seine Geschwister in einem für damalige Verhältnisse sehr modern ausgestatteten Haus aufgewachsen sind: mit Zentralheizung, Linoleumfußboden und elektrischen Küchengeräten. Der Beruf des Vaters (er war Prokurist in der Schuhfabrik des Bruders seiner Frau und des Mannes ihrer Schwester) ermöglichte der Familie bis zum Zweiten Weltkrieg ein gutes Auskommen ohne wirtschaftliche Sorgen. So konnten alle drei Kinder Musikunterricht genießen, und es wurden Bücher und Zeitschriften gelesen. Fürs leibliche Wohl konnte die Mutter durch „ordentliche Hausmannskost" täglich sorgen. Beide Eltern haben die Kinder zu „Heimatliebe und Achtung vor allem Lebendigen" erzogen. Besonders die Mutter habe die Erziehungsaufgabe „mit liebender Strenge, jedoch mit großzügiger Toleranz" wahrgenommen, wobei Zuverlässigkeit und Tapferkeit als Tugenden gegolten haben. (Liederleben, S. 12)

Oss spricht selber davon, in einem „intakten Elternhaus" aufgewachsen zu sein, und erläutert dies damit, dass die Eltern „sich offenbar gern" hatten. Von Hein und ihm meint er, sie hätten sich während ihrer Kindheit stets als „eine Einheit" gefühlt, sie seien „ein Herz und eine Seele" gewesen, nicht nur wie zwei Brüder, sondern fast wie ein Wesen, so dass die Kinderjahre „als eine Zeit identischer Zweisamkeit" verlaufen sei, „die sich erst mit der Pubertät in zwei Persönlichkeiten auflöste und trennte, wie auch weiter entwickelte". (Liederleben, S. 11)

Die Mutter war eine begeisterte Sängerin. Sie sang nicht nur Volkslieder, sondern vermittelte ihren Söhnen auch die Texte von Heine, Goethe, Schiller, Eichendorff, Geibel und Löns samt deren Vertonungen. Sie ließ beide „die Macht und den Reichtum der Musik" ahnen. Damals gab es im Hause Kröher zwar schon den Rundfunk, aber die Technik der Aufnahme und Wiedergabe von Musik war noch nicht entwickelt, es gab noch keine „akustische

Umweltverschmutzung". Wer Freude an der Musik hatte, der musste halt singen, wie die Mutter von Hein & Oss. Die Schwester Selma, welche die beiden kleinen Brüder besser betreute als jedes Kindermädchen, spielte gut auf dem Klavier, so gut, dass ihre beiden Brüder nie versuchten, es ihr nachzumachen, sondern sich dem Beispiel der Mutter folgend dem Gesang widmeten und später bei „Fräulein Breith", der Klavierlehrerin Selmas, Flöte zu blasen lernten und sich der Heroldtrompete, der „Fanfare ohne Ventile", zuwandten und das Saitenspiel auf der Spanischen Gitarre erlernten, anschließend auch das Spielen auf dem Banjo und der Balalaika. Doch die „Königin" blieb für beide „die Kunst des Gesangs", sie hat ihre Herrschaft über Hein & Oss lebenslang ausgeübt und hat ihnen nicht nur „Glück, sondern auch Wohlstand bis heute" vermittelt. (Liederleben, S. 34)

Das folgenreichste Ereignis der deutschen Geschichte des 20. Jahrhunderts, die „Machtergreifung" vom 30. Januar 1933, hinterließ in den „Kröher-Twins" im Wesentlichen die Erinnerung an den Fackelzug der marschierenden Kolonnen; sie waren damals erst fünf Jahre alt und konnten keinen Begriff davon haben, was das für Deutschland und Europa, ja, die ganze Welt bedeuten würde. Doch der Eintritt ins „Deutsche Jungvolk" im Jahre 1934 ließ sie mit marschieren, und zehn Jahre später meldeten sich beide freiwillig für eine Seeoffiziersausbildung bei der Kriegsmarine.

Doch erst einmal wurden beide Ostern 1934 in die „protestantische Knabenklasse" der 1890 erbauten Horebschule bei Lehrer Otto Bischoff eingeschult, der alle Fächer unterrichtete. Für die katholischen Schüler und die Mädchen gab es einen anderen Eingang. Damals waren die Konfessionen und Geschlechter in der Schule noch streng getrennt. Dieser Schule war Oss dreifach verbunden: 1934 bis 1938 als Grundschüler, 1943/44 als Luftschutzmelder, und fast drei Jahrzehnte später als Lehrer. 1934 wurde Schreiben und Rechnen noch auf Schiefertafeln gelernt, an denen Schwämmchen zum Abwischen befestigt waren, die ihrerseits in einer Bakelit-Schwammbüchse aufbewahrt wurden. Damals herrschte noch die „schwarze Pädagogik", die das Ziel verfolgte, jeden „aufkommenden Eigensinn der Schüler im Keime zu ersticken" (Liederleben, S. 43). Das Mittel dazu waren „Maulschellen, Ohrfeigen und Backpfeifen", die schon bei kleinsten Widersetzlichkeiten verabreicht wurden. Richtig sadistisch aber waren „Patschhändchen": „Der kindliche Übeltäter musste die innere Handfläche nach oben vorstrecken. Darauf schlug der Pauker mit dem Stock kurz und hart oder weit ausholend. Der brennende Schmerz schoss durch den Arm in den ganzen Körper und trieb die zurückgehaltenen Tränen in die Augen. Jedoch nur wenige weinten, ihr Stolz ließ es nicht zu." (Liederleben, S. 43)

Schon nach einigen Stunden im Fach „Musikerziehung" hatte der Lehrer Bischoff die Sangeslust und große Erfahrung der unzertrennlichen Zwillinge erkannt und überließ ihnen freudig die Stimmführung der Sängerknaben seiner Klasse. Sie stimmten „klar und sicher an und beherrschten die Melodie und den Text". Ja, sie sangen auch eine Oberstimme oder Unterstimme aus dem Stegreif. Da sie vom Elternhaus gefördert wurden, verstanden sie den Lehrstoff leicht und sicher, machten die Schularbeiten schnell nach dem Mittagessen und hatten dann Zeit für Spiele in der freien Natur oder – bei Regenwetter – für die Literatur. Besonders Wilhelm Busch und die Märchen der Brüder Grimm fesselten ihre Aufmerksamkeit. Im protestantischen Religionsunterricht hat der Lehrer Bischoff die biblischen Geschichten aus der jüdischen Bibel behandelt, und die Geschichte der Zwillingsbrüder Jakob und Esau („der haarige Jäger und der glatte Ackersmann" – Liederleben, S. 46) veranlasste Oss zu der Frage, ob Heiner ihm sein Erstgeburtsrecht verkaufen würde. Das lehnte dieser aber ab, ohne auch nur nach dem gebotenen Preis zu fragen …

Ein Vetter der beiden Zwillinge brachte sich im Sommer 1934 aus den USA ein neues Radiogerät mit und schenkte sein altes der Familie Kröher. Gleich nach der Installation erklang der Yorcksche Marsch von Beethoven, und die beiden Unzertrennlichen „mar-

Hein und Oss in Maulbronn, Mai 2000. Im Hintergrund eine Original-
dj.1.11-Fahne, die Muschik, Fritz Jeremias, über die Zeiten gerettet hat.
Foto: Uwe Biermann

schierten links herum im Gleichschritt um den großen Wohnzim-
mertisch". (Liederleben, S. 53) Anschließend hörten beide Brüder
so oft wie möglich das Radio und wurden so mit den zahlreichen
Liedern vertraut, die sie Jahrzehnte später auf den Bühnen vieler
Herren Länder mit Inbrunst vorgetragen haben. Ihr Repertoire hat
sich täglich erweitert, und sie lernten „Schnulzen und Kitsch" von
guter Musik zu unterscheiden. Ein besonderes Vergnügen war es
für sie, sonntags zwischen sechs und acht Uhr das aus Hamburg
ausgestrahlte „Hafenkonzert" anzuhören, welches 1929 von dem
Rundfunk-Redakteur Kurt Esmarch auf dem Hamburg-Süd-
Dampfer CAP POLONIO aus der Taufe gehoben wurde und das
noch heute an jedem Sonntag zur gleichen Zeit auf NDR 90,5 erklingt. Die Brüder empfanden den eigenen Reiz von „Ferne, Meer,

Schiffen, Matrosen und Akkordeonmusik von der Waterkant". Dort wird der Ursprung für ihre Liebe zu den nautischen Dingen liegen. (Liederleben, S. 56)

Die Mitgliedschaft im „Deutschen Jungvolk" bedeutete für die Brüder regelmäßiges „Antreten zum Dienst" an den Mittwoch- und Samstag-Nachmittagen. Im Frühjahr 1936 haben die beiden Jungstämme aus Pirmasens erstmals zusammen mit dem Stamm III aus Zweibrücken bei Dahn ein dreiwöchiges Zeltlager vorbereitet. Dazu kauften die Eltern ihren Zwillingen einen „Affen", wie die Wehrmachtstornister auch in der Nachkriegszeit von den „Bündischen" benannt worden sind, der genauso zu packen und mit einer „Wurst" (in eine Dreieckszeltplane eingerollte Wolldecke) zu umschnallen war, wie dies auch nach dem Zweiten Weltkrieg üblich war. Auch der Dienst im Jungvolk bestand aus ähnlich vormilitärischem Exerzieren, wie dies in Teilen der bündischen Gruppen bis Ende der 50er Jahre und in der „Gesellschaft für Sport und Technik" der DDR gehandhabt wurde. Das Pirmasenser Jungvolk bestand aus zwei Jungstämmen mit jeweils fünf Fähnlein, insgesamt etwa 1200 Jungen von zehn bis vierzehn Jahren, und es herrschte Solidarität: Viele Jungen sammelten für das Lagergeld, welches die Eltern mancher Jungvolk-Angehörigen nicht aufbringen konnten. (Liederleben, S. 168 ff.)

Nach Inkrafttreten des „Staatsjugendgesetzes" Ende 1936, welches jedem Kind ab zehn Jahren die Dienstpflicht in der Hitlerjugend auferlegte, trat allerdings eine Änderung ein, die zur „inneren Emigration" der Brüder Kröher führte: Bis dahin wurde ihr Jungzug von dem allseits geschätzten Ludwig Ulrich geführt, der von einem schneidigen 17jährigen Fähnleinführer abgelöst wurde und den Jungen eine schärfere Gangart beim Exerzieren abverlangte. Auch der neue Name „Herzog Widukind" für das Fähnlein 7 missfiel den Jungen, die sich ja nicht als Niedersachsen, sondern als Pfälzer fühlten und mit den Begriffen wie „Landgraf werde hart" nichts anzufangen wussten. Dort blieben die Zwillinge jedenfalls nur ein paar Monate und meldeten sich dann zu dem Fanfarenzug, in dem sie ihre zuvor erworbenen Fähigkeiten an der Trommel, der Trompete und der Fanfare vervollkommnen und neue Weisen der Heraldischen Musik erlernen konnten. (Liederleben, S. 185 ff.)

Ab Ostern 1938 gingen die Zwillinge in die „Oberrealschule für Knaben" in der Luisenstraße. Der Schulweg in das imponierende, 1889 eingeweihte Gebäude war weiter als zur Horebschule, und die Ranzen wurden gegen „Aktentaschen" getauscht. Oss hat schon damals an der wirtschaftlichen Ungleichheit zwischen den „besser gestellten" und „ärmeren" Schichten Anstoß genommen: Nur die Schüler durften die Oberrealschule besuchen, deren Eltern 20,– Mark pro Monat aufbringen konnten, immerhin der Gegenwert für ca. 30 Arbeitsstunden eines Arbeiters in der Schuhindustrie. Dass nach dem 9. November 1938 jüdischen Schülern der Besuch des Gymnasiums untersagt war, hat Oss zwar dadurch erkannt, dass diese plötzlich nicht mehr in der Schule waren. Einen Grund dafür haben ihm aber weder die Eltern noch die Verwandten oder gar die Lehrer genannt. Und mit den guten Noten der Volksschule war es für Oss auch vorbei: Er beklagt es, dass er das Lernen nicht richtig gelernt hatte und zu faul war, sich dem in der Schule vermittelten Wissensstoff intensiver zu widmen. Aber immerhin rügt er die Art der Fremdsprachenlehrer, die zu lernende Sprache über die Grammatik und nicht über das frei gesprochene Wort zu vermitteln. (Liederleben, S. 204 ff.)

Im April 1938, gleich nach dem Anschluss Österreichs, begannen die Arbeiten am „Westwall", der die Grenze nach Frankreich für angreifende Truppen undurchdringlich machen sollte. Dazu wurden in der Horebschule Arbeiter einquartiert, und die Wirtschaft in Pirmasens „brummte" durch die zahlreichen Westwall-Arbeiter. Ab dem 1. September 1939 lag Pirmasens in der „Roten Zone" des Westwalls, und die Reichsführung hatte beschlossen, dass alle Einwohner dieses Gebietes ihren Wohnort zu verlassen hatten, um von direkten Kriegseinwirkungen verschont zu bleiben. Es war die erste „Flüchtlingsbewegung" des Zweiten Weltkriegs. Alle fünf Mitglieder der Familie Kröher packten das Lebensnotwendige zusammen und wurden in Güterwagen, die mit Stroh ausgelegt waren, zunächst nach Bensheim, dann in Bussen in den Odenwald und von dort nach Stettfeld an den Main transportiert. Nach einigen Wochen erfuhren die Eltern Kröher über andere „Flüchtlinge", dass in Tirol eine Wohnung zum Einziehen bereit sei, deswegen reiste die Familie Kröher im November 1939 nach Erhalt einer „Zuzugsgenehmigung" in die neue „Ostmark", nach Wängle bei Reutte. Dort wurden sie freundlich aufgenommen, und die Zwillinge durften – es gab leider kein Gymnasium – eine höhere – die siebte – Klasse der Hauptschule besuchen. In Reutte fand Vater Kröher gute Arbeit auf dem Wirtschaftsamt. Ende November wurde dem Vater erlaubt, nach Pirmasens zu fahren, um warme Winterkleidung für die Familie zu holen. Auf Bitten seiner Söhne hat er sogar dafür gesorgt, dass die Skier und die Gitarren der Zwillinge nach Wängle gebracht werden konnten. Bei der Schilderung des Vaters über die Stille in der weitgehend verlassenen Stadt spürten beide Söhne „das erste Nagen des Heimwehs". Das hinderte sie aber nicht, die Welt der Berge zu genießen, Tiere und Pflanzen der Alpen kennen zu lernen, erste Kletterfahrten zu unternehmen und sich mit ihren neuen Klassenkameraden vertraut zu machen sowie sich auf deren Sprache und Eigenheiten einzulassen. Ende Juli 1940 – nach dem erfolgreichen „Blitzkrieg" gegen Frankreich – durften die „ausgebürgerten" Pirmasenser Familien wieder in ihre Häuser einziehen und an der Parade der „siegreichen Truppen" am 31. Juli 1940 teilnehmen. Die Zwillinge besuchten wieder die Oberrealschule, hatten aber Schwierigkeiten mit der neuen Fremdsprache Latein, die in der Hauptschule in Reutte leider nicht gelehrt wurde. Der junge Englischlehrer, Sepp Reiter, gewann die Zuneigung der Zwillinge dadurch, dass er den Schülern mit natürlicher Autorität entgegen trat, die viel gab, aber ebenso viel forderte. Ihm verdankt Oss die Neigung zur englischen Sprache und Lebensweise, zu den Sea-Shanties und den Geschichten der Seefahrer aus der Feder von Hermann Melville, Joseph Conrad, Robert Louis Stevenson, John Masefield und anderen.

Auch der Dienst im Jungvolk ging weiter: Oss übernahm eine „Jungenschaft von fünfzehn Buben", deren Eltern er alle besuchte, um das häusliche Milieu aller ihm Anvertrauten kennen zu lernen.

In dieser Zeit löste sich auch die „Unzertrennlichkeit" der beiden Zwillingsbrüder etwas: Im Dritten Reich wurde viel Wert auf eine „saubere Handschrift" gelegt und eine schlechte, d. h. nicht leserliche Handschrift wurde weitgehend gleichgesetzt mit „schlechtem Charakter". Heiner hatte eine sehr schlechte Handschrift, mit der er seine Schul- und Hausaufgaben zu Papier brachte. Als ein Lehrer eine diesbezügliche ausführliche Rüge in sein Heft geschrieben hatte, verlangte er darunter die Unterschrift des Vaters. Heiner aber meldete sich von der Oberrealschule ab und wechselte auf die Lehrerbildungsanstalt in Kaiserslautern. Er musste deshalb im Sommer als Fahrschüler zwischen Pirmasens und Kaiserslautern pendeln und im Winter in einem Schülerheim fern der Familie wohnen. Dafür musste aber auch der Vater nicht unterschreiben, dass der Lehrer die Handschrift von Heiner schlecht fand. Seitdem lebten die beiden Brüder in gewisser Weise halb getrennt und entwickelten sich unabhängig voneinander. Sie bewahrten sich zwar die zwillingsbrüderliche enge Bindung, fühlten sich aber als zwei verschiedene Personen mit jeweils eigenen Interessen und erkennbaren Unterschieden in Talenten und Verhalten.

Die Siegeszuversicht des vierzehnjährigen Jungenschaftsführers wurde am Morgen des 22. Juni 1941 getrübt: Am Frühstückstisch berichtete der Vater, was er im Rundfunk gehört hatte: Entgegen dem deutsch-sowjetischen Nichtangriffspakt vom 23. August 1939 hatte Hitler-Deutschland Russland überfallen, und die Schwester Selma meinte: „So etwas kann niemals gut gehen! Weiß der Führer denn nicht, dass schon die Goten unter ihrem König Teja ausgerechnet an Sonnenwende zum letzten Kampf um Rom angetreten sind? Den haben sie dann ja auch verloren, verlieren müssen!" Und die Mutter erwähnte, dass auch Napoleon auf den Tag genau vor 129 Jahren die Memel überschritt, um mit seiner

Grande Armée Russland zu besiegen, deren Soldaten am verbrannten Moskau scheiterten und an der Beresina zu Tausenden erfroren. Seine geographischen Kenntnisse ließen in Oss Zweifel am „Endsieg" wachsen, an dem er nach den erfolgreichen ersten beiden Kriegsjahren zunächst nicht gezweifelt hatte. Jetzt aber machten sich auch moralische Zweifel geltend: England und Frankreich hatten dem Deutschen Reich zwar bereits nach dem deutschen Überfall auf Polen am 1. September 1939 den Krieg erklärt, doch der Vertrag mit der Sowjetunion hatte Deutschland vor einem „Zwei-Fronten-Krieg" bewahrt. Dieser Vertrag war nun ohne Anlass böswillig gebrochen worden. Im Nachhinein fragt sich Oss: „Ob alle schon ahnten, dass Hitler mit diesem Überfall auf die Sowjetunion das ‚finis germaniae' in verbrecherischer Weise eingeläutet hatte?" (Liederleben, S. 319) Doch damals konnte der im Dritten Reich Heranwachsende, der im Deutschen Jungvolk und in der Schule nur Jasagen gelernt hatte, zum Staat, zu seiner Politik, zur NSDAP, zu „Ein Volk, ein Reich, ein Führer", noch keine kritische Distanz gewinnen zur Hitlerei. Das konnte erst geschehen, als „alles vor die Hunde gegangen war".

Gelegentliche Schreckensnachrichten erschütterten den Jungvolk-Führer: Im Herbst 1941 berichtete ein Schulfreund, dass „Helmut", der ältere HJ-Führer, von dem die Zwillinge Sangeskultur erfahren und die schönsten Lieder gelernt hatten, im Baltikum gefallen war. Das Grab dort erinnerte Oss an Walter Flex und seinen „Wanderer zwischen beiden Welten", und er stimmte auf seiner Gitarre das Lied „Wildgänse rauschen durch die Nacht" an. In diesen Tagen sagte seine Mutter eines Abends auch, dass am Soldatensender Belgrad Lale Andersen jeden Abend zum Sendeschluss ein schönes Lied sänge. Oss hörte deshalb nach dem preußischen Zapfenstreich „eine bisher unbekannte Frauenstimme mit sprödem, leicht rauchigem Alt" (Liederleben, S. 328), die ihn betörte. Es war das Liebesgedicht eines Soldaten, der unter einer Laterne Abschied nimmt von seiner Geliebten, weil der Zapfenstreich schon geblasen ist. „Lili Marleen" strahlte die Sinnlichkeit einer jungen Sängerin aus, die mit ihrem Lied in dessen gesungener Weiblichkeit alle Soldaten auf allen europäischen Kriegsschauplätzen zu trösten vermochte.

Nach dem Überfall der Japaner auf Pearl Harbor und dem Kriegseintritt der Vereinigten Staaten im Dezember 1941 sowie nach der vernichtenden Niederlage der Wehrmacht bei Stalingrad Anfang 1943 gelangte der Bombenkrieg auch in die Pfalz: Als „Hunderttausende Zivilisten getötet und Millionen in Obdachlosigkeit und Armut" gestürzt wurden" (Liederleben, S. 333), begann für Oss die Zeit des Luftschutzmelders. Auch während der Schulzeit musste er oft vielfach des Nachts einmal pro Woche auf dem Dachfirst der Horebschule, wenn die riesige Sirene bei Fliegeralarm alle Einwohner des Horebs in Alarm versetzte, alles melden, was im Luftraum über Pirmasens zu beobachten und zu hören war. Allein stand er über der nächtlichen Stadt, in der kein Mensch auf der Straße war und kein Auto fuhr und über ihm sich nur der dunkle Nachthimmel mit seinen Sternen wölbte. Dabei lernte er die Sternbilder kennen und wusste, dass das Ende der Nacht nahte, wenn die Venus am Osthimmel erschien. Meist zogen die Flugzeuge der Alliierten in 4000 Meter Höhe mit ihrer tonnenschweren Bombenlast über Pirmasens hinweg und entledigten sich ihrer Last über Mannheim, Karlsruhe oder Ludwigshafen, nachdem sogenannte „Christbäume", die von Erkundungsflugzeugen abgeworfen worden waren, ihnen das Ziel gezeigt hatten. Manchmal hatte auch die deutsche FLAK Erfolg: Wenn ein Scheinwerferstrahl ein Flugzeug erfasste, kreuzte sofort ein zweiter Strahl den ersten, dann ein dritter, und die deutschen Geschütze konnten „das Opfer wie eine Fliege im Spinnennetz" abschießen. (Liederleben, S. 334) In diesen einsamen Stunden auf dem Schuldach kreisten die Gedanken von Oss um Gott und die Welt, um sein künftiges Leben, die Schicksale seiner älteren Kameraden, und es ergaben sich Fragen, die er nicht beantworten konnte: Einerseits glaubte er auf Grund seiner bisherigen Erfahrungen an die „Überlegenheit Großdeutschlands", andererseits bemerkte er, dass die britischen Flugzeuge ihre Ziele fast ungestört anfliegen konnten. Dennoch hütete er sich, irgendwelche Zweifel zu äußern, denn auf „Wehrkraftzersetzung" stand die Todesstrafe.

Im Herbst 1943 mussten Hein & Oss wie alle 16jährigen im Großdeutschen Reich zur Musterung, bei der die „Wehrtauglichkeit" festgestellt wurde. Der Schulunterricht ging aber weiter, und verschiedene Fahrten in die Alpen zum Klettern und Bergsteigen auf dem Gletscher konnten noch unternommen werden. Auch der „Dienst" im Deutschen Jungvolk mit dem Fanfarenzug und dem Singen erfolgte weiter. Das „Kriegsglück" hatte sich inzwischen gewendet: Der Afrika-Feldzug ging verloren, in Sizilien und im Juni 1944 in der Normandie landeten die Alliierten. Die Kriegsgegner hatten das Kriegsziel „bedingungslose Kapitulation" ausgegeben, und der Umsturzversuch der Offiziere des 20. Juli hatte 1944 zu einer „Verfolgungsjagd" der Gestapo geführt. Hein wurde schon im April 1944 in Stralsund erfolgreich für die Marine gemustert und Oss zu seiner Überraschung im August 1944 nach Wien einbeordert zur Aufnahmeprüfung für die Laufbahn eines Seeoffiziers, bei der von 80 Bewerbern mit ihm nur 18 die viertägigen Prüfungen auf dem Passagierschiff ALEKSANDER bestanden haben.

Auf der Rückfahrt von Wien erfuhr Oss auf dem Bahnhof in Landau, dass am Tage zuvor die Amerikaner Pirmasens bombardiert und in Schutt und Asche gelegt hatten. Auch das Haus Klosterstraße 29, Ecke Feldstraße hatte es getroffen: In kurzer Hose mit seinem Köfferchen stand Oss vor den Trümmern seines bisherigen Lebens; alles, was ihm etwas bedeutet hatte, war verbrannt, seine ganze siebzehnjährige Vergangenheit lag unwiederbringlich unter dem Brandschutt. Wie zufällig tauchte der Vater in diesem Augenblick auf und weinte. Niemals zuvor hatte Oss ihn so ergriffen gesehen. Die Familie kam bei einzelnen Freunden und Verwandten unter, und „Bombenopfer" konnten „auf Bezugsschein" Kleidungsstücke kaufen, anderes wurde von nicht Ausgebombten geschenkt.

Anschließend musste Oss zunächst als „Gefolgschaftsführer im Einsatz" Schanzarbeiten am Westwall leiten und sich dann im November 1944 beim Reichsarbeitsdienst Abteilung 4/315 in Eggenstein bei Karlsruhe melden und sich der „Grundausbildung" unterziehen. Weihnachten 1944 wurde dort noch gefeiert, und danach erhielten die „Arbeitsmänner" ihre Einberufung zum Militär. Oss wurde nach Stralsund beordert und sollte sich bei der Ersten Schiffs-Stammabteilung auf der Insel Dänholm melden, wo ein Marinebataillon als Crew 45 der Offiziersanwärter aufgestellt werden sollte. Vorher durfte er aber noch ein paar Tage nach Hause, wo seine Eltern in einer kleinen Blockhütte am „Haseneck" wohnten, einer Art Schrebergarten, der der Familie schon seit Mitte der dreißiger Jahre gehörte. Am 3. Januar 1945 wurde die Schuhfabrik „Theyson & Heumach", in der der Vater mit Bruder und Schwager arbeitete, von Bomben getroffen. Der Vater, der sich dort gerade aufhielt, wurde verschüttet, konnte aber gerettet werden. Sein Leben lang blieb er von dieser Verschüttung, der zweiten nach der im Ersten Weltkrieg erlittenen, gezeichnet und „erlangte nie wieder sein früher so sonniges Wesen". (Liederleben, S. 433)

Hein war Anfang Januar schon bei der Marine in Stralsund, die Mutter gab Oss einen halben gebratenen Truthahn als Gruß aus der Heimat mit, die andere Hälfte verspeiste die Familie zum Abschied von Oss. Den ersten Teil der langen Strecke nach Stralsund trampte Oss in einem Lastwagen nach Kaiserslautern und in einem kleinen Bus nach Mannheim, von wo ihn die Bahn nach Frankfurt fuhr. Dort konnte er gerade noch in einem Bunker am Bahnhof Zuflucht finden, als ein schwerer Bombenangriff begann. Die anschließende Fahrt im Fronturlauberzug über Fulda nach Berlin verlief reibungslos. Dorthin hatte sich der GRÖFAZ (größte Feldherr aller Zeiten) gerade aus seiner „Wolfsschanze" bei Rastenburg vor der anrückenden Roten Armee in den unterirdischen „Führerbunker" geflüchtet. Und Marschall Konjew stürmte im Südabschnitt der „21. Ukrainischen Front" mit fünf Schützenarmeen, zwei Panzerarmeen und mehr als eintausend Panzern nach Westen. Dieser

Übermacht sollte Oss mit der Kriegsmarine sich nun freiwillig (?) entgegen stellen!

In der Kaserne auf der Insel Dänholm zwischen Rügen und dem Festland wunderte man sich über einen Jungen, der „von der Westfront" dorthin gefahren war. Bei Heiners Truppe erfuhr Oss, dass sein Bruder am Tage zuvor zu den Gebirgsjägern nach Lenggries beordert worden war, weil für ihn kein „Bordkommando" mehr verfügbar war, und für Oss folgten die Einkleidung und die Vereidigung, bei der ein Admiral Ende Januar 1945 davon sprach, dass die „Wunderwaffen" zum „Endsieg führen würden und dass die Häfen zurück erobert werden müssten, um wieder einmal zur See fahren zu können". Einstweilen verfügte die Marine im Raum Stralsund über keine Schiffe, dennoch mussten die Offiziersanwärter die übliche Marine-Ausbildung mit „Kutterpullen" und „Begrüßung eines Offiziers" üben, ebenso wie „Reinschiff" zu machen und „Betten zu bauen". Einmal war Oss zum „Holzsägen" abkommandiert, was er eigentlich gut beherrschte. Weil aber bei einem Pfosten die Säge immer wieder stecken blieb, erklärte ein Obermaat, an diesem seien vor ein paar Tagen zwei Rekruten aus der „Ostmark" wegen Zersetzung der Wehrkraft erschossen worden und die Kugeln steckten noch im Holz. Ein paar Tage später musste sein Zug nach einem schweren Angriff in Sassnitz auf Rügen retten, was noch zu retten war: Es konnten aber nur zahlreiche Leichen geborgen werden. Anschließend sah Oss von einer Anhöhe über den Hafen und erblickte mehrere Flüchtlingsschiffe: Das KdF-Schiff „Der Deutsche", das HAPAG-Passagierschiff „Hamburg" und ein norwegisches Beuteschiff „Goya". Die „Hamburg" musste wegen eines Fliegerangriffs „verholen" und lief auf eine Seemine. Sie wurde nach dem Krieg von den Russen gehoben und in Rostock zum Walfangschiff umgebaut. Die „Goya" wurde auf ihrer nächsten Fahrt von Gotenhafen nach Westen mit mehr als 9000 Flüchtlingen an Bord (also noch mehr als am 31. Januar auf der „Wilhelm Gustloff") von einem russischen U-Boot versenkt. Anschließend wurde der Zug von Oss „an die Ostfront" kommandiert. Nach Ostern 1945 erkannte Oss aus einem Zug das Bahnhofsschild „Angermünde". Anschließend sollte der Zug nach Süden marschieren. Auf dem Weg packte Oss die Verzweiflung: „Jetzt, wo alles in Scherben fiel, wo ich vielleicht bald fallen oder in russische Kriegsgefangenschaft geraten würde, sollte meine geliebte Gitarre keinem Feind in die Hände fallen." Also zertrümmert er seine Gitarre, es war gleichsam sein „Abschied vom Leben. Von nun an gab es Wichtigeres als die Musik!" (Liederleben, S. 460/461)

Abends wurde das Dorf Stolzenhagen mit dem Kompaniegefechtsstand erreicht, zu dem sie kommandiert waren. Dort wurde Oss mit einem Kameraden gleich zur Nachtwache eingeteilt. Am Tage drauf hatten die Kameraden sich bei russischem Beschuss zurückgezogen, nur die beiden Neulinge hatten die Stellung gehalten, die nun den Russen bekannt war. Beim Rückzug warfen sich beide in eine Kuhle von einem halben Meter Tiefe. In dieser trafen russische Granatsplitter den Rücken von Oss an beiden Seiten der Wirbelsäule. Am Hauptverbandsplatz erhält er eine Tetanusspritze und wird zum Ruhen aufgefordert – die Schwerverletzten müssen zuerst behandelt werden. Später wird er mit einem Lazarettzug nach Westen gefahren. An einer Straßenkreuzung musste der Zug halten, weil Jeeps der US Army auf den Schienen standen. Der leitende Arzt des Lazarettzuges bat Oss, seine Meldung an den amerikanischen Offizier zu übersetzen: „Ich übergebe diesen Lazarettzug mit allen seinen Verwundeten, Krankenschwestern und Sanitätern ..." Die Amerikaner geleiteten den Zug weiter nach Westen, nach Lübeck und Bad Schwartau, wo die Verwundeten von britischen Sanitätern empfangen wurden. Die Angst, in russische Gefangenschaft zu geraten, war vorbei. Und am selben Abend, dem 8. Mai 1945, gab das Oberkommando der Wehrmacht bekannt: Seit Mitternacht schweigen nun an allen Fronten die Waffen!

Seine guten englischen Sprachkenntnisse nutzen Oss sehr: Er wurde vielfach als Dolmetscher eingesetzt, arbeitete als Kriegsgefangener in einem Ärztekasino und später – in Kiel – in der Schreibstube der 701 German Labour Company, in der 1945 trotz der erbärmlichen Verhältnisse fast „festlich" Weihnachten gefeiert wurde. Ein paar Tage später fuhren die englischen Offiziere, welche die Schreibstube leiteten, in den Urlaub oder widmeten sich ihrer deutschen Freundin. Oss nutzte die Situation, in der Schreibstube allein zu sein, dadurch aus, dass er seine Personalakte verbrannte, sich selbst einen Entlassungsschein ausstellte und einen Mitgefangenen mit Führerschein veranlasste, mittels eines selbst fabrizierten Marschbefehls einen Stabswagen von Kiel nach Heiligenhafen zu steuern, von wo er zwei Tage später als „Entlassener" das Kasernentor passierte. Nach abenteuerlicher Fahrt über Hamburg und das Ruhrgebiet erreichte er am frühen Morgen des 15. Januar 1946 den Horeb und pfiff die Erkennungsmelodie „Tyi morjak", worauf Hein im Nachthemd aus dem Fenster sprang und nur fragte „Kannst du den Rumbaschlag?" Am Tage drauf ging Oss schon wieder in seine alte Schule und bestand im Frühjahr 1947 nach den Regeln der französischen Besatzungszone gemeinsam mit Hein das Abitur. Wegen der früheren Tätigkeit im Deutschen Jungvolk war an ein Studium nicht zu denken. Die allgemeine Nahrungsmittelknappheit und der arbeitslose Vater erforderten alle Kräfte der beiden frischgebackenen Abiturienten für den Überlebenskampf, der mit Hamsterfahrten in die Umgebung und mit Schmuggel und Umtausch von Kaffee gegen Schuhe über die Schweizer Grenze bewerkstelligt wurde. Dazwischen blieb Zeit für Fahrten mit Gleichgesinnten aus dem Bündischen Bereich, insbesondere mit Siegfried und Roland Schmidt aus Speyer, mit denen die TATGEMEINSCHAFT begründet wurde, die durch Holzfäller-Arbeiten im Bereich der Forstverwaltung das nötige Geld für die Fahrten in die Pfalz und die Eifel besorgte.

Weihnachten 1947 feiert die Familie Kröher noch unter einem von Oss am Waldrand „beschafften" Weihnachtsbaum, und erstmalig erklingt wieder die von Oss so geschätzte Weise „Tochter Zion" von Händel, die während der zwölf zurückliegenden Jahre nicht gesungen und gespielt werden durfte. Doch die Mutter litt ganz besonders unter den schlimmen Verhältnissen; sie konnte

Weihnachten kaum ein Lied über die Lippen bringen und blieb am zweiten Weihnachtstag in eine Decke gehüllt entkräftet auf der Chaiselongue liegen. Am 28. Dezember wurde ein mögliches Magengeschwür diagnostiziert, und sie kam ins Krankenhaus. Als die Familie am nächsten Morgen die Mutter im Krankenhaus besu-

Siegfried und Roland Schmidt von der Tatgemeinschaft. Foto: Armin Hering

chen wollte, erschien ein Mann in einer Sanitäteruniform und musste berichten, dass „Frau Kröher in der Nacht an einem Magendurchbruch gestorben ist". Die Ärzte haben nicht mehr helfen können. Für Oss ist die „Seele der Familie" gegangen, obwohl Vater und Kinder auch in Trauer und Elend zueinander gehören. Keiner kann etwas Tröstliches sagen, der Vater findet als Erster die Stimme wieder und sagt nur: „Seid tapfer." Oss schreibt dazu, dass er zwanzig Jahre lang die Liebe seiner Mutter, ihre Hingabe an die Kinder und ihre Wärme habe spüren dürfen: „Sie verkörperte ‚die Kröhers' mit Selbstsicherheit und Witz, auch mit der Liebe zur Musik, zur Dichtkunst und zur Pflege des Gartens, kurz mit Sinn für Ordnung im Hause." Bibelfest, aber kritisch zur Amtskirche, besuchte sie an Weihnachten und am Karfreitag den Gottesdienst als wackere Protestantin, Nachkomme calvinistischer Hugenotten aus Frankreich. „Uns lehrte sie die Achtung vor dem Leben, ja, die tätige Liebe zu allem, was da kreucht und fleucht, als praktizierte Religiosität." (Hungerzeiten, S. 160/161)

Die Osterfahrt 1948 mit der Speyerer Tatgemeinschaft führte die Pirmasenser dj.1.11-Horte zur Burgruine Lindelbrunn. Dort singt Siegfried Schmidt ein eigenes Lied, und die Tatgemeinschaft widmet sich den Liedern von Werner Helwig und Bertolt Brecht, insbesondere dessen „Ballade von den Seeräubern" aus der „Hauspostille". Oss fühlt sich „in eine andere Welt versetzt, nach der ich mich lange gesehnt habe". (Hungerzeiten, S. 198) Die etwas älteren Brüder Schmidt erläutern Hein & Oss die Symbolik des dj.1.11-Seidenbanners und bringen ihnen das Lied „Verlasst die Tempel fremder Götter" bei, auch machen sie die Zwillinge mit dem kaukasischen Wiegenlied „Schlaf, mein Bub, ich will dich loben" vertraut.

Zwischenzeitliche Gedanken an eine Auswanderung auf die zu Ecuador gehörenden Galapagos-Inseln, um den Hungerzeiten zu entfliehen, werden zu Himmelfahrt 1948 nach einer Festnahme durch französische Gendarmen am Bodensee mit Inhaftierung in der „Landesstrafanstalt Ravensburg" und der anschließenden Freilassung durch einen französischen Colonel fallen gelassen. Die Einstellung von Oss zu Frankreich und den Franzosen hat sich bei ihm im Laufe der Jahre erheblich geändert: Im Geschichtsunterricht hatte er von den Réunionskriegen Ludwigs XIV. sowie von den Zerstörungen in der Pfalz und des Heidelberger Schlosses gehört. Und die Franzosen, die vom 10. Mai bis 22. Juni 1940 vernichtend geschlagen wurden, gehörten am 8. Mai 1945 dennoch zu den „Siegermächten" des Zweiten Weltkriegs und haben dies der Bevölkerung ihrer „Besatzungszone" deutlich gezeigt. Es ist deshalb verständlich, dass Oss während der Kriegs- und frühen Nachkriegszeit eine negative Haltung zur „Grande Nation" einnahm. Diese änderte sich im Laufe der Jahre durch von ihm gemachte Erfahrungen mit Frankreichs Kultur, insbesondere mit dem französischen Chanson. Heute ist Oss stolz darauf, „deutscher Botschafter" des berühmten Cabarets in der Rue des Saules auf dem Montmartre „Au Lapin Agile" zu sein (vgl. das Foto auf S. 346

Lagerfeuer). Und er sagt von sich, er liebe Frankreich wie Deutschland, sei allerdings ein Deutscher.

Doch zunächst einmal geht es Pfingsten 1948 mit den Freunden aus Speyer auf die alte Nerother-Burg Waldeck. Dabei lernt Oss auch die „schlanke Sängerin mit den dunkelbraunen Haaren", Trudel, kennen. Und in der Nacht vor dem Eintreffen dort kommt Oss der Gedanke, wegen der Verbindung zur Deutschen Jungenschaft und der Eisbrechermannschaft die mit Hein begründete Pirmasenser Horte nicht – wie von Siegfried Schmidt vorgeschlagen – „Zigeunerbande oder ähnlich" zu nennen, sondern „Backbordwache". Auf dem Rückweg beschlossen die acht Pirmasenser, einen Teil des Weges in der Mosel schwimmend zurückzulegen. Oss schreibt dazu: „Die Strömung schiebt uns weiter um die breiten Flussbögen. Was gibt's denn Schöneres, als eins zu sein mit der Natur, mit den Elementen Feuer, Wasser, Luft und Erde, zu denen wir ebenso gehören wie sie zu uns?" In Bingerbrück trennen sich die beiden Gruppen, und vorher, im Eisenbahntunnel, erhält Trudel den ersten Kuss von Oss.

Kurz danach, am 21. Juni 1948, führte die Militärregierung in den drei westlichen Besatzungszonen eine Währungsreform durch, bei der jeder Bürger gegen 40 wertlose „Reichsmark" 40 neue D-Mark eintauschen konnte, und anschließend waren die Geschäfte voll mit vorher „nicht vorhandenen" Waren. Die Inhaber der Teha-Schuhfabrik, bei der der Vater der Zwillinge noch während des Krieges als Prokurist angestellt war, hatten schon in den beiden Jahren zuvor aus dem Kunststoff IGELIT 18000 Paar Sandalen hergestellt, die innerhalb weniger Wochen für 360000,– DM verkauft worden waren. Die Besitzenden konnten derartige Mengen an Geld einnehmen, während die Habenichtse weiterhin darauf angewiesen waren, ihre Arbeitskraft zu verkaufen. Oss sah damit die Voraussagen von Karl Marx und Friedrich Engels aus dem Kommunistischen Manifest des Jahres 1848 eingetreten: „Die Reichen werden reicher, die Armen werden ärmer." (Hungerzeiten, S. 249) Diese soziale Einstellung hat er auch in den weiteren Jahren seines

Lebens beibehalten und stets die Position der Sozialdemokraten vertreten.

Auch nach der Währungsreform war die wirtschaftliche Situation der Familie Kröher beklagenswert: Der Vater blieb arbeitslos, weil die verwandten Inhaber der Teha-Schuhfabrik ihrem älter gewordenen früheren Prokuristen einen jüngeren Mitarbeiter vorzogen. Schwester Selma arbeitete zu einem Hungerlohn als Sekretärin bei einer regionalen Tageszeitung, und der Lohn der Zwillingsbrüder als Waldarbeiter reichte gerade für die Miete und die tägliche Nahrung. Die Gedanken an ein Studium der Anglistik und der Geographie erwiesen sich angesichts der desolaten Finanzlage als „Luftschlösser" (Hungerzeiten, S. 261). Aber in den persönlichen Beziehungen beider Zwillingsbrüder zeigte sich eine positive Entwicklung: Hein bemüht sich mit Erfolg um die blonde Susi, und Trudel, die gute Sängerin aus Speyer, die schon mit auf der Waldeck war, verstärkt ihre Empfindungen für Oss. Und auch die Wohnsituation wendet sich zum Besseren: Ein Schuhfabrikant will einen größeren Betrag, der keinen Eingang in seine Buchhaltung gefunden hat, dazu verwenden, das Gartengrundstück auf dem Horeb zu kaufen, um daraus vier Baugrundstücke erstehen zu lassen, und der dafür erhaltene Betrag reichte aus, das zerbombte Haus, dessen Grundmauern und Keller noch vorhanden sind, mit drei Stockwerken aufzubauen.

Das erste Weihnachtsfest nach dem Tod der Mutter war traurig. Aber zum Jahreswechsel 1948/49 hatte die Deutsche Jungenschaft nach Haltern zum Bundeslager eingeladen, und die Brüder Schmidt aus Speyer veranlassten Oss zum Mitkommen. Dieser musste seinen Bruder auch „überreden", weil dessen Susi ihren Liebsten über Silvester und Neujahr eigentlich lieber an ihrer Seite gehabt hätte. In Haltern lernten die Zwillingsbrüder einige bekannte Bündische beim Singen kennen, darunter Mike, Michael Jovy, und Walter Scherf, genannt Tejo, mit dem Oss bis zu Tejos Tod im Oktober 2010 mehr als sechzig Jahre lang befreundet blieb – verbunden durch die Liebe zum Gesang.

Im Frühjahr 1949 bewarb Oss sich auf die Annonce der Schuh-fabrik Sertel um eine Ausbildung zum Kalkulator: „Bei Eignung ist eine Übernahme in Dauerstellung vorgesehen." Ein alter und ein junger Chef stellen ihn ein für 45,– DM Lehrlingsvergütung und nach bestandener Kaufmannsgehilfenprüfung monatlich 175,– DM mit späterer Erhöhungs-Aussicht. Hein beginnt zur gleichen Zeit eine Ausbildung in der Zentralgarage zum Kfz-Kaufmann – zum gleichen „Hungerlohn". Oss macht sich über seine Aussichten im Frühjahr 1949 keine Illusionen: „Wirst du jetzt ewig zu den Ausge-beuteten gehören, zu den minder Bemittelten und den Belächelten? Zu denen, die es ‚halt nicht geschafft' haben? In der Schuhindustrie herrschen klare Einteilungen der Gesellschaft, eine richtige Hack-ordnung. Zwar gehöre ich nicht zu den Proletariern – das Wort habe ich erstmals nach 1945 gehört –, aber ein kaufmännischer An-gestellter hat noch nie großes Ansehen genossen. Zwar hat Vater als Verkaufsdirektor bei Teha eine leitende Position eingenommen und ein hoch dotiertes Einkommen bezogen, aber davon bin ich sehr weit weg. Werde ich jemals aus diesem Schlamassel heraus-kommen, aus dieser Armut? Werde ich mich überhaupt ernähren können und meinen Neigungen zur Musik, zur Literatur und zum Reisen nachgehen können? Studium adé – und das tut weh." (Hungerzeiten, S. 285) Erfreulicherweise ist es anders gekommen!

Zunächst einmal erscheint aber für Oss Gustav Pfirrmann auf der Bildfläche. Dieser hat nach dem gemeinsamen Abitur an der berühmten London School of Economics Volkswirtschaft studiert und ist 1950 in Mainz, um im Frühjahr 1951 sein Examen abzu-legen. „Und dann, Oss", schlug er vor, „fahren wir beide gemein-sam nach Indien." Spontan sagte Oss zu. Er hatte kurz zuvor von Trudel das Buch von Herbert Tichy geschenkt bekommen, in dem dieser von seiner Reise im Jahre 1938 auf einer PUCH vom Indus nach Kufstein berichtete – warum soll dies nicht auch anders her-um möglich sein, von Pirmasens bis Kalkutta? Oss denkt an die Nerother, die ihre Reisen um die Welt mit Singen und Spielen finanziert haben. Beide planten, das Reisegeld unterwegs selber zu verdienen, Gustav als „Zauberer und Feuerfresser" und Oss dadurch, dass er zu seiner Gitarre singt. Und als dann auch noch im Jahre 1950 Karl Oelbermann, der berühmte Nerother Wandervogel, den Plänen zustimmt und eine griffige Formel für die Auftritte vorschlägt „Musik und Magie" (Hungerzeiten, S. 314), werden die Vorbereitungen in Angriff genommen. Gustavs Eltern können etwas „abzweigen", Trudel macht 300,– DM „locker", und die Sektion Pirmasens des Deutschen Alpenvereins gibt einen Zuschuss von 400,– DM. Davon werden eine NSU Baujahr 1928 und ein Beiwagen gekauft. Oss erweitert sein Repertoire durch Lieder von Ernst Busch und der weltweiten Arbeiterbewegung, und dass der alte Sertel seine Weiterbeschäftigungszusage nicht einhalten will, stört Oss nicht weiter. Immerhin muss dieser nach der Kaufmannsgehilfenprüfung für den Rest des Lehrvertrages die vereinbarte Vergütung von 175,– DM löhnen. Hein wird nicht mitfahren, weil das Motorrad nur zwei Plätze hat und der Beiwagen durch die umfangreiche Ausrüstung mehr als beladen ist. Außerdem wollen Susi und Hein noch im Jahre 1951 heiraten. Und Oss hofft, dass seine Verbindung zu Trudel die lange Trennungszeit durch die Reise „GERMANY – INDIA" übersteht.

Die Vorbereitungen für die große Fahrt nehmen viel Zeit in Anspruch. Die junge Bundesrepublik hat auch sechs Jahre nach Kriegsende noch kein Passrecht, die Siegermächte stellen aber jeweils ein „Temporary travel Document" für Gustav und Oss aus, in dem die Konsulate der Reiseländer die Visa für Durchreise oder Aufenthalt eintragen. Die Zaubertricks wollen eingeübt sein, und Oss lernt statt der bisher vor bündischem Publikum gesungenen Fahrtenlieder „Amischlager" und französische Chansons. Damit das Motorrad jeweils zollfrei ein- und ausgeführt werden darf, stellt der ADAC für Oss ein Carnet de Passage aus, dessen Bestimmungen in den Sprachen und Schriften aller Reiseländer wiedergegeben sein müssen: Kyrillisch, Griechisch, Hindi, Arabisch, Chinesisch, Burmesisch und Thailändisch. Und es wird nicht nur

50

eine umfangreiche Reiseapotheke zusammengestellt, sondern es werden auch viele Tabletten beschafft, die in den verschiedenen Reiseländern günstig getauscht werden können gegen Lebensmittel. Weiter müssen Werkzeuge und Ersatzteile für unvermeidbare Reparaturen beschafft und verpackt werden, denn die Fahrt wird nicht nur über asphaltierte Straßen verlaufen.

Am 15. März 1951 brechen Gustav und Oss von Pirmasens nach Osten auf: Zwei Zentner Gepäck sind ordentlich verstaut, die Motorradkleidung besteht bei Gustav aus einem dicken Gummimantel der Wehrmacht, bei Oss aus einem Tuchmantel der Royal Army Großbritanniens. Motorradhelme waren damals nicht nötig, beide trugen aber große Motorradbrillen. Die ernsten Gesichter der NSU-Leute im Werk von Neckarsulm hätten zwar Zweifel am Gelingen der abenteuerlichen Fahrt wecken können, sie vermochten aber nicht die Erfüllung des Lebenstraums zu verhindern. Die Gewissheit, dass die Reise ein Erfolg wird, war durch nichts zu erschüttern!

Und die Reise wurde trotz vieler Schwierigkeiten ein großer Erfolg: Die Auftritte in den verschiedenen Städten wurden umjubelt und von den örtlichen Rundfunksendern des Iraks und des Irans übertragen. Sogar der indische Premierminister Pandit Nehru empfing die beiden. Täglich musste improvisiert, repariert, geflickt, ausgewechselt und abgeschmiert werden. Vielfach genossen beide herzliche Gastfreundschaften, und wenn ihnen einmal „Bösewichte" begegneten, was zum Glück sehr selten geschah, so waren diese nicht „deutsch-feindlich", sondern nur auf materielle Werte erpicht. Einzelheiten dieser großen Reise sind im „Morgenland" nachzulesen oder auf den drei CDs anzuhören. Es ist nicht möglich, sie hier wiederzugeben.

Genau ein Jahr nach dem Aufbruch in Pirmasens erreichten die Abenteurer Kalkutta, das Ziel ihrer Abenteurer-Reise. Glänzende Auftritte der „Corano Brothers" in den vom britischen Charakter geprägten Luxushotels ermöglichten beiden, den Lebensstil namhafter Künstler zu genießen; Wochenschauen und Zeitungen

Pressefoto

brachten Berichte über sie in allen Ecken des riesigen Subkontinents mit seinen damals rund dreihundertsechzig Millionen Einwohnern. In Bombay trennten sich die Wege der beiden: Gustav fuhr weiter nach Australien zu seiner Schwester, Oss aber wollte nach Hause zurück, um Boden unter die Füße zu bekommen und einen Beruf zu ergreifen. Acht Elefanten und zwei Leoparden waren ein „Mitbringsel" von Oss für den Zoo von Hannover: Ein Tierhändler hatte die Tiere ersteigert, und Oss versorgte sie während der Überfahrt auf dem neuen HAPAG-Frachter „Bärenfels". Oss schreibt, diese Indien-Fahrt habe ihn „verändert und bestärkt", er sähe jetzt selbstbewusst in die Zukunft. (Hungerzeiten, S. 372) (Siehe das Buch „Das Morgenland ist weit". Gollenstein Verlag und Malik Verlag, acht Auflagen, 24000 Exemplare.)

Allerdings wusste Oss auch, dass er sich jetzt um eine regelmäßige Arbeit bemühen musste, um genügend Geld für seinen Lebensunterhalt (und zur Unterstützung seines Vaters) zu erhalten. Ein Vortragsabend über seine Indien-Reise war gut besucht und fand viel Begeisterung. Der finanzielle Ertrag war mit fast 500,– Mark auch sehr gut. Er prüfte deshalb schon den Gedanken, auch in anderen Städten von seiner Reise zu berichten und die Dias vorzuführen. Dann war aber doch ein anderes Angebot verlockender: Schwester Selma arbeitete im Sommer 1952 als Chefsekretärin des obersten Architekten der US Army, die im Rahmen des Kalten

Krieges die französische Besatzungsmacht abgelöst hatte und in Pirmasens einen riesigen Militärstützpunkt errichtete. All die Offiziere und Feldwebel wollten ihre Familien bei sich haben, und für die Kinder mussten Schulen eingerichtet werden. Er bewarb sich, fand bei der Schulleiterin der amerikanischen Schule im Bewerbungsgespräch viel Sympathie und wurde für ein Gehalt von mehr als 400,– DM pro Monat eingestellt. Bei den Schülerinnen und Schülern findet der Deutschlehrer, der auch so gut englisch spricht und ihnen so viele Lieder beibringt und diese mit der Gitarre begleitet, gleich guten Anklang, und weil er die Familien seiner Schüler besucht und schnell auch bei den Eltern beliebt ist, interessiert sich bald auch der Chef der amerikanischen Schulen in Heidelberg für ihn und will ihn kennen lernen. Auch die Pirmasenser Schulleiterin, Miss Reeves, ist bei dem Gespräch anwesend, in dem ihm angeboten wird, sich für das kommende Schuljahr nach Heidelberg versetzen zu lassen. Sofort träumt Oss davon, in dieser Zeit genug Zeit für das Studieren herausschinden zu können. Aber auch Miss Reeves macht ihm ein Angebot: Sie wird zum Schuljahrsende am 15. Juni 1953 nach Stuttgart an eine große Schule mit 1200 Schülern versetzt und bietet ihm an mitzukommen, damit er an der pädagogischen Akademie Ludwigsburg studieren kann. (Lagerfeuer, S. 57/59)

Bevor es dazu kam, erlebte er aber zunächst eine Enttäuschung. Eine Woche vor dem Schuljahrsende erhält er die Kündigung. Die Amerikaner arbeiten nach dem Prinzip „hire and fire": Sie gewähren ihren deutschen Lehrern nur zwei Wochen Jahresurlaub und stellen sie nach den Ferien erneut ein. Gleichzeitig erhielt aber Oss auch das Angebot, während der Ferien als „German Instructor and Nature Guide" in einem Sommercamp im Wasgau bei Dahn zu gleichem Gehalt zu arbeiten. Die Belegschaft dieses Lagers aus Jungen oder Mädchen wechselt jede Woche, und Oss findet bei allen großen Anklang dadurch, dass er alle amerikanischen Hornsignale täglich zu den wechselnden Anlässen auf einer eigens beschafften Fanfare zu blasen wusste. Besonders beliebt war der

Schlossruine Waldeck. Foto: Karl v. d. Driesch

wöchentliche Ausflug zum Abschluss-Biwak unter freiem Himmel in einer nach Süden offenen Höhle: Die Fahrtengewohnheiten der bündischen Jugend wurden auch von den amerikanischen Jugendlichen geschätzt. (Lagerfeuer, S. 64–66)

Während der unterrichtsfreien Zeit an den Wochenenden hält Oss mit Hein den Kontakt zur bündischen Jugend und besucht gelegentlich die Burg Waldeck. Auch wird er vertraut gemacht mit den zwischenzeitlich erschienenen Liederbüchern, die Hein ihm vorstellt: „Sattel und Kanu", „Birken im Wind", „Dämmerung fällt" und dann natürlich der von Konrad Schilling herausgegebene TURM aus dem Voggenreiter Verlag, dessen erstes Heft 1952 erschien. Auch um ausländische Weisen wird das Repertoire der Zwillingsbrüder ergänzt, durch „schwarze Spirituals" und „weiße Cowboylieder" sowie durch Kampfgesänge aus dem Spanischen Bürgerkrieg und Chansons vom Pariser „Rive Gauche". Im Rahmen von Besuchen der Deutschen Jungenschaft auf der Burg Waldeck stellen die Brüder zwar fest, dass sie keine Sympathien für das dort vertretene „Führertum" des Nerother Wandervogels haben und dass sie auch Mädchen sehr mögen. Aber da auch in diesem Kreis die von Oss auf der Indien-Reise in

Griechenland gelernten „Rembetika" großen Anklang finden und gute persönliche Bindungen entstehen, bleiben die Zwillingsbrüder weiterhin Teil der Jungenschaft und haben gute Beziehungen zu den dort wirkenden Menschen.

Im persönlichen Bereich wurden in dieser Zeit die Beziehungen zu der in Speyer wohnenden Trudel Jung intensiver. Nach der Bekanntschaft über die Tatgemeinschaft der Brüder Schmidt aus Speyer haben Oss und sie über Weihnachten 1952 gemeinsame Tage im Gästehaus des Pfälzerwaldvereins auf dem Lindelbrunn verbracht und beschlossen, beisammen zu bleiben und später zu heiraten. (Lagerfeuer, S. 55) Trudel studierte in Wiesbaden Gebrauchsgraphik und hatte noch zwei Semester vor sich bis zur Abschlussprüfung, und Oss hatte nach wie vor die Idee eines Studiums in Englisch und Geographie – der sichere Status eines Beamten im deutschen Schuldienst lockte nach wie vor. Doch konnte er im Ergebnis erst nach langem Umweg erreicht werden. Aber einstweilen nehmen Trudels Eltern – der Vater ist erfolgreicher Steuerberater in Speyer – ihren „künftigen Schwiegersohn freundlich auf", der durch das entsprechende Gefühl allerdings zu Anfang etwas „verwirrt" ist. (Lagerfeuer, S. 56) Die Fähigkeit, gemeinsam zu leben und die Tage zu gestalten, wurde zunächst gegen Ende der Sommerferien 1953 erprobt auf einer Zeltreise mit einem geliehenen Motorrad. Die Reise beginnt in Germersheim, weil Trudel nicht wollte, dass die Nachbarn in Speyer bemerken, wie die „Tochter aus gutem Hause" als Sozia auf einem Motorrad in den Urlaub fährt. So streng waren damals die Bräuche! (Lagerfeuer, S. 73) Es ging über Karlsruhe und Basel durch die Schweiz, über den Ofenpass, den Umbrailpass und das Stilfser Joch am Comersee vorbei nach Mailand, Genua und die Cinque Terre bis nach Portofino. Zurück geht es etwas gemächlicher, vorbei am Gardasee durch Südtirol und über Innsbruck und den „Zirler Berg", dessen Steigung auch die BMW im ersten Gang bezwingen musste.

Bei der Heimkehr in Speyer stellten beide fest, dass ihre Fahrt „glücklich verlaufen" ist mit ungeheuren Eindrücken; die Verabschiedung erfolgte „dankbar und in Liebe verbunden". (Lagerfeuer, S. 84)

Am 1. September 1953 beginnt Oss seinen Schuldienst an der amerikanischen Schule in Stuttgart. Ein Kollege, Kunsterzieher für die Oberstufe der High School, hat ihm eine Bleibe in seinem von der US Army bezahlten Haus angeboten, die er noch nicht einmal bezahlen musste. Sein „Gegenleistungs-Angebot Frühstücksgestaltung" wird angenommen, und es entwickeln sich freundliche Beziehungen zwischen den früheren Kriegsgegnern. Auf die Frage, wo der Kunsterzieher Harry Ford denn im Kriege gewesen sei, berichtet er, dass er als Bomberpilot der US Airforce monatelang die Heimat von Oss von oben gesehen habe, dass aber ein deutscher Jagdflieger seine B 27 Fortress abgeschossen habe und er dann in ein Stammlager nach Ostpreußen verlegt worden sei, von wo die Russen ihn befreit und nach Rostow am Don gebracht hätten, von wo er dann mit einer Transportmaschine der US Airforce in die Staaten zurückgekehrt sei. Doch der Schuldienst erfordert so viel Zeit, dass an ein Studium in Ludwigsburg nicht zu denken ist, obwohl das Vorlesungsverzeichnis der Pädagogischen Hochschule Ludwigsburg verlockende Veranstaltungen anbietet. Drängende Fragen beschäftigen Oss: Wird überhaupt ein Studium möglich sein? Wann kann an eine Heirat mit Trudel gedacht werden? Sie wird im nächsten Frühjahr als geprüfte Gebrauchsgraphikerin arbeiten können. Soll er weiter besser dotiert als ein deutscher Beamter an der Amischule unterrichten? Da er von sich aus nicht viel ändern kann, versucht er das Beste aus der Situation zu machen. (Lagerfeuer, S. 92/93)

Zu Pfingsten 1954 ändert sich aber die Situation dadurch, dass Trudel „guter Hoffnung" ist. Oss betrachtet das in Trudel heranwachsende Kind als „Gottes Segen für unsere Zweisamkeit, die sich seit sieben Jahren in Liebe bewährt" hat. (Lagerfeuer, S. 119) Er meint, das Wohnungsproblem ließe sich leichter in Pirmasens lösen als in Stuttgart, der Landeshauptstadt mit den hohen Mieten. Aber im Personalamt in Pirmasens wird ihm eröffnet, dass seine Lehrerstelle besetzt sei, so dass er nur als Referent für die Einstellung neuer Arbeitskräfte arbeiten könne, allerdings zu gleichem Entgelt wie als Lehrer. Und glücklicherweise gewährt die US Army einem seit drei Jahren bei ihr beschäftigten Lehrer das Anrecht auf eine der knappen Wohnungen in der zu 80 Prozent im Kriege zerstörten „Schlappenstadt". Eine der neuen Zwei-Zimmer-Wohnungen wird Oss für eine monatliche Miete von 53,80 DM überlassen. Nach der standesamtlichen Trauung, vor der der bürokratische Beamte die Berufsbezeichnung „Lehrer" bemängelte, weil sie angeblich nur einem beamteten Schulmeister zustände, sich aber der amtlichen Gehaltsbescheinigung beugen musste, wurde die kirchliche Hochzeit am 15. August 1954 gefeiert. Am gleichen Tage wurde die neue Wohnung bezogen. Und am 13. Januar 1955 erblickt der Sohn Till das Licht der Welt. Das an diesem Abend von Oss allein im ehelichen Doppelbett geäußerte Dankgebet ist seit dem „Stoßgebet" vom 26. April 1945 an der Oderfront das erste Gebet nach zehn Jahren! (Lagerfeuer, S. 137)

Eine erhebliche Veränderung der Lebensumstände von Oss ergibt sich im Mai 1955, als der Juniorchef der Schuhfabrik Servas ihm das Angebot unterbreitet, für ein Festgehalt von 450,– DM und 1,5 % Provision auf die erzielten Umsätze als festangestellter Vertreter für die Fabrik zu arbeiten, die etwa 1500 Schuhe pro Tag herstellt. Dienstwagen und alle Reisekosten werden von der Firma übernommen. In Aussicht gestellt wurde auch die Position als freier Handelsvertreter mit höherer Umsatzbeteiligung. Dies Angebot musste ausführlich mit Trudel besprochen werden: Seine Annahme musste den Wunsch nach einem Studium begraben, und Oss würde von montags bis freitags zwischen Main und Alpen, zwischen Rhein und Donau unterwegs sein, während Trudel in dieser Zeit mit Till würde allein sein müssen. Doch sie ist „tapfer": „Oss, wenn du meinst, dass es so richtig ist, dann nimm das Angebot an. Die

Firma ist seriös und zuverlässig. Beim Ami willst Du sicherlich nicht ewig arbeiten". (Lagerfeuer, S. 140/141) Also nimmt Oss das Angebot an und wird bis Ende 1959 sein Verkaufsgebiet als angestellter Schuhvertreter bearbeiten. Das ist von der inneren Beteiligung an der ausgeübten Tätigkeit her etwas völlig Anderes als das Heranführen von jungen Menschen an Musik, Literatur und Philosophie. Bei Übernahme dieser Tätigkeit hoffte Oss, dass er im Rahmen seines erlernten Berufs „anständig verdienen" würde (Lagerfeuer, S. 141), aber die Weigerung der jungen Betriebsnachfolger im November 1959, Oss und seine Kollegen nicht wie zugesagt im Übergang vom angestellten zum freien Handelsvertreter zu beschäftigen (die freien Handelsvertreter bekamen 5 % des erzielten Umsatzes und mussten während der reisefreien Zeit nicht im Betrieb arbeiten), führte zur Kündigung des Vertrages mit den jungen Herren Servas. Anschließend musste Oss sich um eine andere Stelle bemühen. Derartige Stellen von guten Firmen waren heiß begehrt und wurden „unter der Hand" an Verwandte und Freunde vergeben. So blieb Oss nichts anderes übrig, als mit einem weniger renommierten Schuhhersteller, der Firma Rampendahl, abzuschließen. Deren Kunden haben ihre Geschäfte aber meist in den Seitenstraßen, sind oft dunkel, eng und altmodisch. Als Oss dann eines Tages entdeckt, dass sein Vertragspartner Schuhe an die Kunden von ihm ausliefert, ohne die zugesagte Provision an ihn zu zahlen, muss er sich um die Vertretung von anderen Unternehmen bemühen, die „mangels Masse" keine Rolle auf dem Schuhmarkt spielen, und seine Provisionen werden immer geringer. Dies alles ist die Folge des Niedergangs der deutschen Schuhindustrie durch die Globalisierung, die dazu führt, dass immer mehr Produzenten ihre Fabrikation ins Ausland verlagern, wo niedrigere Löhne zu zahlen sind und keine Sozialversicherungskosten anfallen. Im Jahre 1960 beschäftigte die Schuhindustrie in Pirmasens über 20000 Arbeitskräfte in mehr als 300 Fabriken und deckte mehr als ein Drittel des Bedarfs an Schuhen in Deutschland – und um das Jahr 2010 arbeiten nur noch einige Schuhfabriken, die Stadt ist um ein Drittel, also über 20000 Einwohner, geschrumpft und viele Gebäude, insbesondere auch Wohnungen, stehen leer.

Das Ergebnis ist, dass die Tätigkeit von Oss als Handelsvertreter für die Firma Rampendahl immer weniger Ertrag einbringt. Nur die seit Beginn der 1960er Jahre immer häufiger werdenden und mit höheren Honoraren verbundenen Auftritte von Hein & Oss auf den verschiedensten Bühnen des In- und Auslandes sorgen dafür, dass Oss die Kosten für den Lebensunterhalt der Familie, zu der seit dem 24. Dezember 1956 auch der zweite Sohn Florian gehört, tragen kann. Im März 1958, noch während der Tätigkeit für den alten Herrn Servas, hatten Trudel und Oss auf einem eigenen Grundstück mit einem unfähigen und in die eigene Tasche wirtschaftenden Architekten ein eigenes Haus teilweise mit Krediten gebaut, die weiter abbezahlt werden mussten. Ein besonders schwerer Schicksalsschlag war es, dass Trudel im Jahre 1971 an Multipler Sklerose erkrankte und viele Jahre bis zu ihrem

Plakat von Jürgen Schmidt

59

Tod am 10. Oktober 1989 die längste Zeit in einem Pflegeheim dahinsiechte, wobei die Kosten nur für medizinische Behandlung, nicht aber für die Pflege von der Krankenkasse bezahlt wurden. Diese ab 1975 in immer höherem Umfang anfallenden Pflegeleistungen betrugen zuletzt monatlich mehrere Tausend Mark, die von Oss aufzubringen waren und nur aus den Gagen und GEMA-Tantiemen beglichen werden konnten.

Schon alsbald nach dem Abitur war in Oss der Wunsch entstanden, Schriftsteller zu werden. Dieser ging ab 1963 in immer höherem Umfang in Erfüllung. Als erstes Werk gestaltete er mit Hein den Jungenkalender „Signale 63", der schnell vergriffen war und fünfzig Jahre später zur Einhundert-Jahr-Feier des Festes auf dem Hohen Meißner im Sommer 2013 vom Donat-Verlag in einem Reprint neu herausgegeben wurde. Es folgten zahlreiche Liederbücher, die hier nicht im Einzelnen aufgezählt werden können. Auch Sammlungen von Kurzgeschichten, heimatkundliche Bücher und ein Buch, „Anmut im Federkleid – heimische Vögel", wurden veröffentlicht. Sie erweisen Oss als Liebhaber und Kenner seiner pfälzischen Heimat und der dort angesiedelten Flora und Fauna. In diesem Heft ist ein Bericht von ihm, „König der Nacht'– der Uhu", abgedruckt, der kurz zuvor in der „Pirmasenser Zeitung" erschienen ist.

Im bündischen Bereich hat Oss sich besondere Verdienste erworben durch die Begründung des Maulbronner Kreises gemeinsam mit mehreren Gleichgesinnten, von denen hier nur Fritz Jeremias (Muschik), Roland Kiemle (Oske) und Berry Westenburger genannt werden sollen. (Lagerfeuer, S. 153–159) Auf den Festivals „Chanson Folklore International" auf der Burg Waldeck, auf dem sich fast alle in den 1960er Jahren bekannten Liedermacher und Folksänger trafen, ihr Publikum begeisterten und den Chansons aus Frankreich sowie den Protestsongs aus dem angelsächsischen Bereich den Weg nach Deutschland öffneten (Lagerfeuer, S. 323–337), war Oss von Anfang an im Jahre 1964 dabei.

Im Frühjahr 1966, als die Vertreter-Umsätze für die Schuh-industrie immer geringer wurden, hat Oss sich auf Empfehlung seiner Schwester Selma, die bereits seit Jahren wieder im Schuldienst beschäftigt war, und nach einem Besuch des Schulrates, der vom dringenden Lehrerbedarf berichtete, als Vertragslehrer im Land Rheinland-Pfalz beworben. Nach kurzer, gut bestandener Ausbildung nahm er nach den Sommerferien 1967 seine Lehrtätigkeit in der Grundschule Sommerwald auf. Diese machte ihm nicht nur sehr viel Freude, sondern wurde auch von seinen Vorgesetzten so positiv beurteilt, dass die Bezirksregierung in Neustadt an der Weinstraße ihm im April 1969 folgenden Brief schrieb:

„Sehr geehrter Kröher,

aufgrund Ihrer guten Leistungen als Vertragslehrer im Laufe der vergangenen beiden Jahre ersuchen wir Sie, ein pädagogisches Studium an der Erziehungswissenschaftlichen Hochschule in Landau durchzuführen. Dafür werden Sie für die kommenden zwei Jahre vom Schuldienst frei gestellt. Ihre einjährige Ausbildung als Vertragslehrer wird Ihnen mit zwei Studiensemestern angerechnet. Nach den vier Semestern des Pädagogik-Studiums können Sie dann Ihre erste Staatsprüfung als Lehrer an Grund- und Hauptschulen ablegen. Die Bezüge während der Studienzeit werden 70 % Ihres bisherigen Gehalts betragen. Schulrat Herbert Dietzsch wird Sie über nähere Einzelheiten in Kenntnis setzen.

Unterschrift" (Fahrende Sänger, S. 220)

Dieses äußerst erfreuliche Angebot, welches die Erfüllung seines Lebenstraums, ein ordentliches Studium zu absolvieren, bedeutete, musste Oss nicht zweimal überlegen; er nahm es sofort an. Mit Zweiundvierzig war er „kein junger Dachs mehr", er war vielmehr schon seit 15 Jahren verheiratet und Vater zweier damals 14 und 12 Jahre alter Söhne. Im Nachhinein hat er die Jahre als Schuh-

Handelsvertreter als „Umweg" bewertet. Heute, fast fünfzig Jahre später, ist er froh über diese Entscheidung, die ihm dazu verholfen hat, zu sich selbst zu finden und die Fährnisse des Lebens zu bestehen. (Fahrende Sänger, S. 220/222) Das anschließende Studium in Landau brachte Oss große Zustimmung seiner Ausbilder ein, die ihn schon bald als Tutor für die Betreuung der meist jüngeren Studenten einsetzten. Auch wurde er schon nach kurzer Zeit am Englischseminar für die Aufsicht über die Praktika der Studenten an den Landauer Schulen eingesetzt, die sehr schnell durch seine routinierte Art ihre eigenen Ängste, vor der Klasse als Lehrer zu stehen, verloren. Aus eigener Initiative, die von den Dozenten zunächst nicht geschätzt wurde, hat Oss „offenes Singen im Englisch-Seminar" angekündigt. Die Studenten zeigten spontanes Interesse am eigenen Singen und ließen sich die erforderlichen Techniken gerne beibringen. Daraus sind die drei Schulbücher, „Die Liederreise" sowie „Sing out" für Singen im Englischunterricht und „Joli Tambour" für französische Chansons in der Schule im Verlag Ernst Klett entstanden. „Sing out" hat die Oxford University Press übernommen und ins Japanische übersetzt. Oss wurden auch nach dem Ersten Staatsexamen über einige Jahre weitere Lehraufträge erteilt. Die von verschiedenen Professoren ihm eigentlich angebotenen Assistentenstellen wurden aber anderen Personen übertragen. Im damals „tief-schwarzen" Rheinland-Pfalz hatte er als Sozialdemokrat keine Chance. Aber immerhin konnte er gleich nach der mit „Auszeichnung" bewerteten ersten Staatsprüfung ab Schuljahrsbeginn im Herbst 1971 eine volle Planstelle an der Hauptschule Horeb in Pirmasens, in die er 1934 eingeschult worden war, antreten.

Mit Hein hatte Oss gleich zu Beginn seiner Lehrtätigkeit beschlossen, „zweigleisig" zu fahren, also neben dem Unterricht auch die Karriere als „Volkssänger" weiter auszubauen. Dies fiel Hein leichter, weil er als weitgehend selbständig arbeitender Außendienstmitarbeiter der Lkw-Herstellerfirma MAN seine Arbeitszeit flexibler gestalten konnte, was einem auf einer vollen Stelle arbei-

Ehrung der Kröher-Zwillinge zum 80. Geburtstag auf Burg Waldeck, September 2007. Foto: Uwe Biermann

tenden Lehrer nicht möglich ist. Dennoch waren die zahlreichen Auftritte von Hein & Oss auch weiterhin von großem Erfolg gekrönt.

Zum 60. Geburtstag von Hein & Oss hat der Ring junger Bünde ein Sonderheft für die beiden Volkssänger herausgegeben. Und der frühere Bundeskanzler Willy Brandt, der die beiden nach einem erfolgreichen Auftritt auf einem SPD-Parteitag kennen gelernt hatte und anschließend eine Woche mit ihnen durch die Pfalz gewandert war, schrieb eine handschriftliche Gratulation, die auf S. 5 dieses Sonderheftes abgedruckt wurde.

Am 19. Januar 1990 hat Oss nach dem Tode von Trudel seine jetzige Ehefrau Gretel geheiratet, und beide sind am 14. Juli 1990 in das gemeinsam geplante und gebaute geräumige Haus auf der Krummen Steig in Pirmasens eingezogen. Zu seinem 89. Geburtstag am 17. September 2016 hat Oss einen kleinen Privatdruck veröffentlicht, welchen er „Das Füllhorn der Fortuna – Lob und Dank für Glück und Segen" überschrieben hat. Darin schildert er auf 31 Seiten die Vorzüge des schönen Hauses mit dem weiten Blick über die Pfalz nach Osten bis zur Burg Trifels, in der im 13. Jahrhundert der englische König Richard Löwenherz gefangen saß. Voller Dankbarkeit für all das Gute, was ihm in seinem Leben widerfahren ist und was er durch eigene Anstrengung erreicht hat, genießt Oss mit seiner ihm sehr liebend zugewandten Gretel die Jahre des Alters, aber immer noch tätig mit dem Schreiben seiner Erinnerungen und dem Besuch wie der Bewirtung der vielen Freunde, die er im Laufe seines langen Lebens an sich gebunden hat.

Ein ganz besonderer Schmerz war es für Oss, dass am 14. Februar 2016 sein ihm lebenslang verbundener Zwillingsbruder Heiner die Augen für immer hat schließen müssen. Zur Erinnerung an ihn hat Oss am 14. Februar 2017 einen weiteren Privatdruck herausgegeben, in dem er auf 28 Seiten die „Felsen und Falken" seiner näheren Pfälzer Heimat beschreibt und von Ausflügen, Anblicken und Abenteuern berichtet sowie von einer Klettertour, auf der er trotz eines Sturzes vom zu kurzen Seil von den Zweigen eines Baumes wie durch ein Wunder gerettet wurde. Im Nachhinein betrachtet, ist es großartig zu sehen, welche Fülle von Lebenserfahrungen ihm durch diese Rettung zuteil geworden ist. Es bringt wohl den Wunsch aller Mitglieder des Mindener Kreises zum Ausdruck, dass unser Oss noch möglichst viele Jahre in der Gemeinschaft mit seiner lieben Gretel sein Leben auf erlebnisreichen Reisen (etwa zu den Sommertagungen des Mindener Kreises) und mit vertrauten Freunden am heimischen Kamin bei einem guten Glase Wein genießen möge.

Helmut König (helm)

Die Volkssänger Hein & Oss und ihre Welt der Lieder

Vor mir liegen siebzehn CDs, besungen und gestaltet von Hein & Oss, den Volkssängern aus Pirmasens, und nun zusammengefügt zu einem gewichtigen Block; insgesamt 244 Lieder, und wir wissen, dass dies nur ein Teil dessen ist, was die Zwillingsbrüder uns gesungen haben – die Lebensleistung der beiden aus fast 80 Jahren.[1]

Die Zwillingsbrüder Heinrich und Oskar Kröher, am 17. September 1927 in der Stadt Pirmasens im Pfälzerwald nahe der Grenze zu Frankreich geboren, wuchsen mit ihrer fünf Jahre älteren Schwester in einer gutbürgerlichen Familie auf. Oss

Zeichnung von Gertrude Degenhardt, helm König gewidmet

---

[1] RBM Musikproduktion Bietigheim-Bissingen 463 219 bis 222, 127 bis 134, 158 bis 161.

hat uns die Jugendjahre bis zum Ende des Zweiten Weltkrieges in seinem Erinnerungsbuch „Ein Liederleben", das er im Selbstverlag herausbrachte, einfühlsam beschrieben. Es sind die Jugendjahre jener Generation, die zwischen den späten zwanziger Jahren und dem Beginn des Hitlerregimes geboren wurde, die aus trügerischen Friedensjahren mit einigen Jahren im Deutschen Jungvolk in der Hitlerjugend in den schließlich alles erfassenden Krieg gerissen wurde; das am Rande Deutschlands liegende Pirmasens wurde bereits sehr früh durch den Bau des sogenannten Westwalls betroffen, dessentwegen alle Bürger 1939 bei Ausbruch des Krieges zunächst evakuiert wurden, aber dann doch nach dem Sieg über Frankreich im Herbst 1940 wieder in ihre Häuser zurückkehren konnten – bis zu dem verheerenden Bombenangriff auf Pirmasens am 9. August 1944, bei dem auch das Haus der Familie Kröher völlig zerstört wurde. Die Familie hatte mit Glück überlebt; Hab und Gut waren verloren.

Die beiden Brüder, siebzehnjährig, waren wehrdienstpflichtig und hatten sich beide freiwillig zur Kriegsmarine gemeldet. Sie lebten bis zum Kriegsende, zwar getrennt, aber mit ähnlichem Schicksal zwischen Arbeitsdienst, Schanzarbeiten, militärischem Ausbildungsdrill. Oss kämpfte schließlich in planlosen infanteristischen Kampfeinsätzen an der kaum noch existierenden Ostfront, wurde verwundet und geriet schließlich in Gefangenschaft – mit einiger List zunächst bei amerikanischen Fronttruppen. Später, von der Verwundung einigermaßen genesen und wieder arbeitsfähig, so erzählt Oss in seinem Buch, leistete er dann bei den britischen Besatzungstruppen Dolmetscherdienste, bis er sich mit einiger Frechheit Entlassungspapiere beschaffte, mit deren Hilfe er dann durch das in Trümmern liegende Deutschland fahren konnte – bis Pirmasens, das seine Heimat war und von nun an auch blieb; dort fand er seine Familie, wenn auch zunächst als „Ausgebombte", und auch Hein war inzwischen wieder „zu Hause".

Zurück in die Zeit vor dem Kriege. In der Familie Kröher wurde viel gesungen; vor allem die Mutter sang mit einer schönen und klaren Stimme, was ihr in den Sinn kam. Das war kein professionelles Singen, sondern eine natürliche Art zu singen, und sie hatte einen großen Liederschatz, der sich auch den Kindern bald einprägte. Die fünf Jahre ältere Schwester erhielt ein Klavier und Unterricht bei einer Musiklehrerin, die sechsjährigen Zwillingsbrüder bekamen Blockflöten. Das Klavier machte ihnen großen Eindruck, aber sie konnten sich nie mit dem Klavierspiel befreunden. Umso mehr machte ihnen das Flötenspiel Freude, und im Laufe der Jahre brachten sie es, wie Oss uns berichtet, zu einer gewissen Meisterschaft, so dass sie mit ihrer Lehrerin auch in kleinen öffentlichen Konzerten auftreten konnten. Zur gleichen Zeit hatte Oss im Zusammenhang mit der völlig anders gearteten Art des Musizierens im Deutschen Jungvolk auch an der Heraldischen Musik mit Blechblas-Instrumenten – Fanfaren, Hörnern und Trompeten – Freude gefunden. Und, was für die Zukunft wohl noch wichtiger war: Durch einen Fähnleinführer, der durch die Traditionen der inzwischen verbotenen Bünde der Jugendbewegung angeregt war, wurde ihnen die Gitarre, die „Klampfe", als das Instrument bekannt, das für den Gesang besonders geeignet war; so lernten sie im Jahre 1936 die ersten Lieder der Nerother und der Deutschen Freischar. Zwar war die Klampfe durchaus untypisch für die marschierenden Jungvolkgruppen, aber für einen kultivierten Gesang wurde sie das ideale Instrument. Die beiden Zwillingsbrüder waren bald ohne ihre Gitarren nicht mehr zu denken, und es bedeutete für sie einen bitteren Schlag, als die Instrumente bei der Zerstörung des Kröherschen Hauses ebenfalls zerstört wurden.

Die ersten Jahre nach dem Kriege waren Notjahre, wie überall und nicht nur in Deutschland. Es ging um Wohnung und Brot. Die Zwillingsbrüder hatten noch einmal zur Schule zu gehen, um dann 1947 das Abitur abzulegen, und dann stand die Berufsausbildung an. Aber es ging ihnen wie vielen jungen Leuten in Deutschland, sie fanden sich mit anderen Gleichaltrigen in Gruppen von allerlei Art zusammen, und sie zogen mit ihnen erst durch die nähere, dann auch in die weitere Umgebung. Die Gruppe um Oss nannte

sich – solche jugendlichen Gruppen, die etwa zwischen Land-
streichern und Wandervögeln changierten, mussten sich natürlich
einen Namen geben – die „Backbordwache", vielleicht in Erinnerung an die kurze Zeit bei der Marine, und sie schlugen ihre Zelte,
die sie aus alten Militärzeltbahnen zusammenknüpften, an verbor-
genen Plätzen im Walde auf. Es dauerte nicht lange, da fanden sie
andere Gruppen ähnlicher Art, Fahrtenbrüder eben, die sich un-
geachtet der Nöte im Lande ein freies Leben gestalten wollten. So
wanderten sie schon zu Pfingsten 1948 mit Siegfried Schmidts
„Tatgemeinschaft"[2] im Hunsrück auch auf die Burg Waldeck, die
bereits vor der Hitlerzeit das Zentrum eines besonders eigen-
willigen Jugendbundes gewesen war, des „Nerother Wandervogels", genannt nach dem Gründungsort, einer Höhle bei Neroth
in der Eifel. Dort fanden sich jetzt nach dem Kriege die Überleben-
den dieses Bundes wieder zusammen, und mit ihnen kamen dann
auch andere „Bündische" (wie sich die Freischärler, Jungenschaftler, Jungscharen und Wandervögel) mit einem gewissen Unterschied zu den Pfadfindern nannten; ihnen gefiel das freie Leben
auf dem Burggelände an Lagerfeuern und bei Gesang und manchem Glas Wein.

Auf dem Winterlager der Deutschen Jungenschaft in Haltern
1948/49 lernten Hein & Oss die Schwäbische Jungenschaft mit ihrem älteren Führer „Muschik" (mit bürgerlichem Namen Fritz
Jeremias) kennen; er hatte den legendären Jungenschaftsbund
dj.1.11 noch in Ludwigsburg erlebt, der am 1. 11. 1929 von Eberhard Koebel (tusk geheißen) gegründet worden war. Muschik
kannte noch die eigenartigen Lieder der dj.1.11; sie klangen so
anders als die früheren Lieder der Wandervögel, die sich auf die
älteren Volkslieder gründeten. Für Hein & Oss war das eine Erweiterung ihres schon sehr großen Liederschatzes.

Es war um diese Zeit, etwa 1949/50, dass ich zum ersten Male
von der „Backbordwache" hörte, als uns Karl von den Driesch –

---

[2] Siegfried Schmidt hatte nach dem Kriege in Speyer die Tatgemeinschaft
    gegründet.

auch er ein großer Sänger – mit seiner Bad Godesberger Horte[3] zu einem Treffen am Grundbergsee bei Bremen besuchte. Aber Hein & Oss selbst lernte ich auch dann nicht kennen, als ich in Speyer Siegfried Schmidt, den damaligen Chronisten der Jungenschaften, besuchte. Oss war damals wohl schon aufgebrochen zu seiner großen Motorradreise ins Morgenland.

Denn Oss verspürte offensichtlich noch größere Unruhe in sich als wir anderen nahezu Gleichaltrigen. Er musste nach der Enge der NS-Zeit noch die Weite der Welt erfahren. Mit seinem Freund Gustav Pfirrmann machte sich Oss auf einer schweren NSU-Beiwagenmaschine auf den Weg; ihr Ziel war Indien. 1951 war es für Deutsche noch ziemlich schwierig, eine Reise ins Ausland zu unternehmen, aber mit einem Motorrad über Italien, Griechenland, die Türkei und Persien, schließlich durch Afghanistan und dann über Pakistan, das in schweren kriegerischen Auseinandersetzungen mit Indien stand, mehr als ungewöhnlich; man darf auch sagen wagemutig. Einer der Höhepunkte der Reise war, dass Pandit Nehru, der damalige Premierminister Indiens, die beiden in seinen Amtsräumen in New Delhi empfing.

Oss hat Jahre später diese Reise, die die beiden tatsächlich bis nach Kalkutta brachte, in einem schönen und inhaltsreichen Buch beschrieben: „Das Morgenland ist weit – Die erste Motorradreise vom Rhein bis zum Ganges".[4] Die treffendste Kritik des Buches, das mehrere Buchpreise gewann, schrieb ihm Wolf Biermann:

„Es ist schön, den ewigen Zwilling mal in anderer Konstellation zu sehn. Vielleicht hat es ja auch den tieferen Humor eines echten Schelmen-Romans und ist nicht eine abgeschmackte Aufschneiderei mit tollkühnen Heldentaten, die zum Glück keiner mehr nachprüfen kann. – Wie zwei Kinder aus dem tausendjährigen Reich, das sich die ganze Menschheit zum Todfeind gemacht hatte, nun friedlich und mit einem womöglich ausgemusterten Kriegskrad in die Menschheit kommen, mit

---

3   „Horte" wurden in der Jungenschaft die Gruppen genannt.
4   Oss Kröher: Das Morgenland ist weit – Die erste Motorradreise vom Rhein zum Ganges. Blieskastel, Verlag Gollenstein 1997. ISBN 3-930008-51-3.

einem Lied statt mit Gebrüll, mit einem Feuerschlucker statt einem Flammenwerfer – das kann wirklich interessant genug sein ..."

Tatsächlich hatten die beiden Motorradreisenden nicht viel mehr als eine Gitarre und bühnenreife Zauberkunststücke in ihrem Reisegepäck, und sie verdienten sich das, was sie brauchten, durch Auftritte auf allen möglichen Bühnen mit ihren Kunststücken und dem unendlichen Schatz von Liedern, die Oss dem interessierten Publikum darbrachte; es reichte für mehr als das Essen und Trinken und Benzin; sie schliefen oft am Straßenrand in einem Zelt, aber auch in noblen Hotels, die ihren Gästen in den abendlichen „Foorshows" etwas Ungewöhnliches bieten wollten.

Als ich selbst acht Jahre später nach Kalkutta kam, wo ich mit Weib und in Kalkutta geborener Tochter fünf Jahre unter anderem am Sanskrit College, das von Rabindranath Tagore gegründet worden war, unterrichtete, kannte ich das Buch vom Oss natürlich noch nicht, weil es erst im Jahr 1997 erschien. – Oss war von der Reise übrigens dann als Hüter von acht Elefanten und zwei Leoparden auf dem Schwergutfrachter „Bärenfels" der deutschen Hansa-Line nach Deutschland zurückgekehrt.

Wir reisten in jenen Jahren quer durch Indien, von Assam bis Kashmir, von den Wüsten und Palästen Rajasthans bis zum Kap Komorin, von den Höhlenklöstern von Ajanta und Ellora bis zu den Dörfern der Adivasis in Orissa, die mit Pfeil und Bogen nicht ungefährlicher waren als das Wildgetier in den Dschungeln; allerdings fuhren wir nicht auf einem Motorrad mit Beiwagen, sondern in einem stabilen vierrädrigen Ford (das war schon mühsam und gelegentlich abenteuerlich genug; wir hätten es nie gewagt, dort mit einem Motorrad zu reisen). Aber als wir das Buch vom Oss dann nach etlichen Jahren kennenlernten, mussten wir doch immer wieder feststellen, wie genau er das Land und seine unendlichen Probleme, aber auch seine Schönheit beschrieben hatte. Er hatte nicht jenes Land gesehen, das üblicherweise von Touristen besucht wird. Er hatte die einsamen Dörfer und die dichten Dschungel und die endlosen Sandpisten und Schotterwege gesehen, die das Land durchziehen. Also keine Aufschneiderei über Heldentaten, sondern ein mühsames Erfahren eines fremden, aber liebenswerten Landes.

Für mich war es nach den fünf Jahren in einem sehr anderen Land, als ich 1966 nach Deutschland zurückkehrte, wie ein Sprung in eiskaltes Wasser, denn Deutschland war in diesen Jahren ebenfalls sehr anders geworden. Die etwa zehn Jahre Jüngeren, damals wie eine neue Generation, fingen an, ihre Väter zu befragen, wie es zu den schrecklichen Jahren und Untaten der Hitlerjahre hatte kommen können? Und sie fragten in der Radikalität, wie sie der Jugend in Umbruchszeiten innewohnt.

Ich wurde von Diethart Kerbs (damals in Göttingen Assistent bei Hartmut von Hentig) gefragt, ob ich nicht mit zum Chanson-Festival auf der Burg Waldeck kommen wolle? Er kannte mich natürlich aus der Jungenschaft, wo ich durch meine Mitarbeit an dem bündischen Liederbuch „DER TURM"[5] (die in Indien ja nicht aufgehört hatte) etwas bekannt geworden war. Auf der Burg Waldeck, viele Jahre Treffpunkt bündischer Sänger, fanden seit 1964 Festivals „CHANSON FOLKLORE INTERNATIONAL" statt. Sie waren gewissermaßen die logische Fortsetzung der Entwicklung des Singens auf der Burg, das sich längst über das einfache Fahrtenlied hinaus auf Lieder des näheren und weiteren Auslands und solcher Menschengruppen ausgedehnt hatte, die die Fahrtenbrüder als verwandt ansahen, seien es die Shanties der Seeleute, die Cowboysongs, die Spirituals der Schwarzen und die Folksongs, bekannt durch die Folksongbewegung Nordamerikas, und dazu kamen dann die Lieder aus den Ländern, in die die Gruppen auf ihren immer ausgedehnteren Großfahrten getrampt waren, seien es Griechenland, Frankreich, Irland oder der wilde Balkan. Mit den Fragen der Jugend nach den Geschehnissen der Hitlerzeit kamen dann die Lieder des Widerstands dazu – die Lieder Bert Brechts waren schon vor 1933 durch einen der bekanntesten Waldecker, durch Werner Helwig, verbreitet gewesen – und die Lieder des neuen

---

[5]   Konrad Schilling, Helmut König, Herbert Hoss u. a.: DER TURM in 11 Heften und zwei Bänden, ab 1953. Bad Godesberg, Voggenreiter Verlag.

Staates Israel und seiner Quellen, die jiddischen Lieder jener Juden, die hauptsächlich im Osten Deutschlands und in Polen gelebt hatten und die nun durch die Aktionen der Nazis nahezu ausgerottet worden waren.

An dieser Erweiterung der Lebenssicht und des Liederschatzes der Bündischen und Fahrtenbrüder hatten Hein & Oss in diesen Jahren einen guten Anteil. Oss erzählt über diese Zeit in seinem Buch „Vom Lagerfeuer ins Rampenlicht".[6] Die beiden gehörten abgesehen vom „Maulbronner Kreis"[7] zwar keinem der Bünde aktiv an, deren Gruppen und Horten ja hauptsächlich aus Teenagern bestanden, also mehr als zehn Jahre Jüngeren, aber man lud sie immer wieder ein, um ihre Lieder zu hören, und sie waren auch gern bereit, ihre Lieder weiter zu tragen. So kamen sie zum Beispiel mit dem „Maulbronner Kreis" in der eigenen Jurte zu dem großen Lager auf dem Hohen Meissner 1963 in Erinnerung an das Fest der Wandervögel 1913 am gleichen Ort, und in das Lager des Bundes deutscher Jungenschaften am Drachenfels im Felsenland des Pfälzerwaldes, an die sich Oss besonders gern erinnert. Dem Bund deutscher Jungenschaften brauchten die Brüder allerdings keine neuen Lieder beizubringen; der Bund hatte schon eine ganz eigene Liedkultur entwickelt und mit Walter Mossmann, Roland Eckert und Christof Stählin hervorragende Liedermacher und Sänger, die dann später auch bei den Festivals Chanson Folklore International auf der Burg Waldeck, veranstaltet von der „Arbeitsgemeinschaft Burg Waldeck" (ABW), eine große Rolle spielten. Die „Arbeitsgemeinschaft Burg Waldeck" (ABW) hatte sich nach 1933 zusammengefunden, um das Erbe der Burg vor fremdem Zugriff zu bewahren; nach dem Kriege lebte sie in mühsamer Kohabitation mit

---

[6]   Oss Kröher: Vom Lagerfeuer ins Rampenlicht. 2013, Baunach, Spurbuchverlag. ISBN 978-3-88778-327-3.

[7]   Der „Maulbronner Kreis" war/ist ein lockerer Kreis älterer Jungenschaftler, der sich um „Muschik" – s. S. 68 – gebildet hatte. „Muschik" war damals der Bauleiter, der die Renovation des Klosters Maulbronn leitete.

Hein & Oss Pfingsten 1967 auf Burg Waldeck.
Foto: Helmut König

dem Bund der Nerother, und man weiß nicht so recht, wer der Gastgeber für die vielen bündischen Gruppen war, die sich im Laufe der fünfziger/sechziger Jahre auf dem freien Burggelände zusammenfanden. Der „Studentische Arbeitskreis der ABW" war wohl der aktivste Kreis auf der Burg; ihm gehörten Diethart Kerbs, der schwäbische Sänger Peter Rohland, die Volkssänger Hein & Oss, Jürgen Kahle, der die Organisation der Festivals übernahm, die Rechtsanwälte Alf Schumann und Ingo Weihe, denen die Verträge oblagen, Rudolf Schmaltz, seines Zeichens Professor und Präsident der ABW, und etliche andere an, die hier nicht alle genannt werden können. Und aus dem Studentischen Arbeitskreis und von Hein und Oss kam dann der Vorschlag, auf der Burg ein „Bauhaus der Folklore" einzurichten; so lud schließlich die ABW zu Pfingsten 1964 zu einem ersten Treffen „CHANSON FOLKLORE INTERNATIONAL" ein. Der Vorschlag war kühn, denn das Gelände um die Burg war für eine größere Zahl von Gästen ziemlich ungeeignet: Wald und Wiesen um die Ruine der Burg Waldeck mit einigen eher Hütten zu nennenden Häusern drum herum. Aber schon 1964 kamen so viele Sänger und Gäste zu diesem Festival, dass beschlossen wurde, es im nächsten Jahr und, wenn möglich, in jedem folgenden Jahr zu wiederholen. Wo die Sänger und Zuhörer dann Unterkunft fanden – 1967, beim vierten Festival, waren es weit über dreitausend Gäste –, bleibt für immer ein Rätsel.

Oss & Hein Kröher berichteten im ersten Buch über die Festivals und die Mitwirkenden von 1964 bis 1968[8], einem bunten Bündel aus deutschen Chansonniers und Volkssängern wie Franz Josef Degenhardt, Walter Mossmann, Christof Stählin, Reinhard Mey, Karl Wolfram und Hannes Wader, den Briten wie Colin Wilkie und Shirley Hart und John Pearse, den Amerikanerinnen Hedy West, Odetta und Carol Culbertson, den Spaniern Juan und José, dem Belgier Julos Beaucarne, dem deutschen Kabarettisten Hanns-Dieter Hüsch, dem deutsch-schwedischen Duo Hai und Topsy, den Frechdächsen Schobert und Black mit ihren genialen Vertonungen der Gedichte von Fritz Grasshoff und natürlich und nicht zuletzt mit den Zwillingen aus Pirmasens Hein & Oss mit einem unendlichen Schatz von Liedern aus aller Herren Länder.
Nur diese Mitwirkenden der Festivals hier zu nennen, ist fast eine Mißachtung der vielen anderen und nicht Geringeren, die am

---

[8]   Oss & Hein Kröher: Rotgraue Raben – Vom Volkslied zum Folksong. 1969, Heidenheim/Brenz, Südmarkverlag Fritsch KG.

Gelingen dieser wahren Feste der internationalen Chansons und Folklore beitrugen, Höhepunkte, die durchaus mit den etwa gleichzeitigen Songfestivals in den USA zu vergleichen sind, wenn sie auch dank des sehr verhaltenen Echos in der deutschen Presse nicht so bekannt wurden. Immerhin: Viele der Mitwirkenden wurden nach den Festivals durch Schallplatten bekannt. Und es gab dokumentarische Tonbandaufnahmen. Sie wurden von Jürgen Kahle aus dem Studentischen Arbeitskreis gesammelt; aus ihnen entstand eine erste Langspielplatte „Chanson 67" und nach vielen Umwegen und vielen Jahren schließlich die umfassende Dokumentation „Die Burg Waldeck Festivals 1964–1969".[9]

1966, als ich zu Pfingsten mit Diethart Kerbs auf die Burg kam, hatte sich gerade ein bitterer Einschnitt ergeben: Peter Rohland, der besonders hervorragende Sänger und Liedforscher unter den Mitwirkenden, war am 5. April 1966 plötzlich an einer Gehirnblutung gestorben. „Pitter", wie ihn seine Freunde nannten, war, wenn man die anderen als Mund und Arm der Festivals bezeichnen würde, das eigentliche Herz der Festivals gewesen. Begabt mit einer besonders klangvollen natürlichen Bass-Bariton-Stimme, die er auch bewusst einzusetzen verstand, hatte er sich eine Reihe von Liedthemen erarbeitet und mit dem kongenialen Geiger Hanno Botsch und dem ebenso kongenialen Concertina-Spieler („Der Sechskant") Schobert Schulz Konzerte in der ganzen Bundesrepublik gegeben und die Programme dann auch für Schallplatten eingespielt, von denen die ersten bei dem kleinen bündischen Label THOROFON erschienen waren.[10] Gerade hatte sich eine große Schallplattenfirma für Peter Rohland interessiert und eine erste

---

9   „Chanson 67", herausgegeben von Helmut König; 1968, Bad Godesberg, Xenophon im Voggenreiter Verlag, und „Die Burg Waldeck Festivals 1964–1969" mit 10 CDs und einem 240-Seiten-Begleitbuch, herausgegeben von Michael Kleff; 2008, Hambergen, Bear Family Records. ISBN 978-3-89916-394-0.

10 „Vertäut am Abendstern". Peter Rohland singt Chansons zur Nacht; THOROFON TH 10; und „Der Rebbe zingt". Jiddische Volkslieder und Chansons; THOROFON TH 12.

Langspielplatte unter dem Titel „Landstreicherballaden" herausgebracht.[11] Dies hatte nun ein trauriges Ende.

Freunde sammelten nachgelassene Tonbänder von Pitter und fügten sie 1968 in einer „Edition Peter Rohland" zu vier Langspielplatten zusammen. So retteten sie das noch Greifbare, aber nach den unbarmherzigen Gesetzen des Marktes hatten sie nur einen sehr begrenzten Erfolg mit ihrer Anstrengung. 1977 konnte ich dann in einer Kassette mit fünf Langspielplatten das gesamte hinterlassene Werk Peter Rohlands herausbringen und es später auf den neuen Tonträger Compact Disc übertragen, so dass es heute noch greifbar ist. [12]

Aber das Festival Chanson Folklore 1966 auf der Waldeck ging weiter. Für mich war es nach den Jahren in Indien wie eine neue Welt. Der Gesang, den ich Ende der fünfziger Jahre in Deutschland hinter mir gelassen hatte, war – wenn man von den unsäglichen Schlagern und Schnulzen absieht – ein Gesang der Gruppen und Horten gewesen, gelegentlich von einzelnen Vorsängern angefeuert, die die Gemeinsamkeit des Gesangs in alter Wandervogel-Tradition liebten. Der Gipfel solchen Singens war der gemeinsame Chorgesang. Die Jugendmusikbewegung, besonders gefördert von Fritz Jöde und Walter Hensel und deren Verlagen Bärenreiter, Breitkopf und Härtel und Kallmeyer (später Möseler), hatte das Singen in der Schule und in den Jugendgruppen und Jugendchören geprägt. Der Erforschung alter Gesänge aus der Renaissance und dem Barock, aber nun auch der (gemäßigten) Moderne war die Wiederentdeckung bedeutender Komponisten der deutschen Musikgeschichte wie Heinrich Schütz (1585–1672), Leonhard Lechner (1553–1606), Georg Philipp Telemann (1681–1767) und vieler anderer zu verdanken, aber auch die Erneuerung der Chormusik nach

---

[11] „Landstreicherballaden". Peter Rohland und Schobert Schulz; 1965, POLYDOR Nr. 237 703.

[12] Peter Rohland: Das Gesamtwerk, THOROFON ETHK 151 – 155, danach auf CD bei THOROFON CTH 2123, 2134 und 2143 sowie studio wedemark STW 99946 bei der Peter Rohland Stiftung.

1900, etwa durch Hugo Distler oder Kurt Thomas und die neue Pflege der Hausmusik. Die Basis dieser Bewegung aber war die neue Pflege des Volksliedes, die nach 1900 begonnen und sich auch nach 1933 noch fortgesetzt hatte.

Nach 1945 war dies, wie es schien, ohne Bruch weitergeführt worden; sowohl in den Fahrtengruppen war das ungekünstelte gemeinsame Singen Bestandteil des Gruppenlebens, und es gab Jugendchöre in großer Breite. Ich hatte erwartet, dass ich auf der Waldeck nun auch diese aktiv singenden Gruppen finden würde. Das wäre auch vor 1965 der Fall gewesen, wo neben dem einfachen Volks- und Gruppengesang auch auf der Burg Chormusik und Kammermusik unter anderem mit dem Cembalisten Walter Tetzlaff und anderen Berufs- und Laienmusikern gepflegt worden war. Aber in den Jahren, die ich im Ausland verbracht hatte, hatte sich diese jugendliche Szene gewandelt. Die Lieder der ehemaligen Jugendmusik wurden als Lieder der Hitlerjahre und der Leiter etwa eines Chores wurde als autoritär empfunden, ein disziplinierter Chor als eine faschistische Gruppierung (miss-)verstanden.

Von Volks- und Gruppengesang war jetzt nichts mehr zu hören. Was ich vorfand, war eine große Zahl junger und ziemlich passiver Zuhörer, die sich von Zeit zu Zeit um eine kleine Bühne zusammenfanden, um den Sängern auf der Bühne zuzuhören. Das war eine völlige Umkehrung der früheren Jugendszene. Was sich hier versammelte, waren auch nicht mehr die Dreizehn- bis Siebzehnjährigen, die man nun Teenager nannte, sondern die Zwanzig- bis Fünfunddreißigjährigen, denen man gern die Bezeichnung „Twen" anheftete oder, wenn sie besonders renitent waren, wurden sie zu Halbstarken erklärt. Dass diese Generation, die auch als skeptische Generation verortet wurde, jetzt von einem ganz anderen Bewusstsein, von einem völlig anderen Lebensgefühl bewegt wurde als die Altersgruppe der zehn Jahre Jüngeren, die sich bisher als Jugendbewegung bezeichnet hatten − dies musste man erst verstehen, wenn man ein halbes Jahrzehnt von der Entwicklung abgeschnitten gewesen war. Das, was sich einstmals „Jugendbewegung" genannt hatte, war vorbei, gehörte inzwischen der Geschichte an.

Dies war der Bruch jener Jahre, den man später dann ziemlich verkürzt als die Revolte der „Achtundsechziger" bezeichnete. Dies war im übrigen nicht nur eine Jugendrevolte in Deutschland, sondern eine die ganze westliche Welt erfassende Bewegung, über Europa hinaus bis nach Amerika, ja sogar bis in die Universitätsstädte Asiens; ich spürte sie noch in Kalkutta, wo die Studenten mit „Sit Ins" die Hörsäle blockierten.

Entsprechend entwickelten sich die Festivals auf der Burg Waldeck. Sie veränderten sich von Jahr zu Jahr, von 1964 bis 1969; aus Zusammenkünften passiver Zuhörer, die gern den Darbietungen der Sänger auf der Bühne zuhörten, wurden schließlich Versammlungen renitenter junger Männer und selbstbewusster Frauen, die politisch diskutieren wollten. Eckard Holler gab die Parole aus: „Stellt die Klampfen in die Ecke, wir wollen diskutieren." Diese Entwicklung geschah parallel zu den Ereignissen auf den Straßen der bundesdeutschen Großstädte; manche sagten später, die Festivals seien schließlich „Durchlauferhitzer" der 68er-Revolte gewesen. Richtig ist, dass das letzte Festival 1969 chaotisch endete und dass es dann keine Fortsetzung mehr gab.

Aber es gab, nachdem die Hitze der 68er-Revolte in der Bundesrepublik abgeklungen war, etwa zehn bis fünfzehn Jahre später dann doch eine Fortsetzung der Jugendbewegung in etwas anderer Art: Singewettstreite der bündischen Gruppen einerseits, die dieser jüngeren Generation nun wieder eine Stimme gaben, und andererseits Konzerte und Liederfeste, manchmal auch wieder auf der Burg Waldeck, oft unter freiem Himmel – die Sänger, die sich (meistens durch die Waldeck Festivals) einen Namen gemacht hatten, gaben eigene Konzerte und konnten oftmals wieder ein großes Publikum anziehen. Das waren, um nur die bekanntesten zu nennen, Franz Josef Degenhardt, Reinhard Mey, Walter Mossmann, Schobert und Black, Hannes Wader und Hein & Oss, die erstgenannten mit Programmen aus eigenen Liedschöpfungen, Hannes

Wader und Hein & Oss auch mit Volksliedern, die im Zuge der allgemeinen Anglisierung der deutschen Sprache nun gern als Folksongs bezeichnet wurden.

Das waren, zwar nicht so konzentriert wie bei den Waldeck Festivals, nun nochmals auch Höhepunkte des Singens der Zwillinge, die allerdings ihre Sängertätigkeit nicht zu ihrem Beruf gemacht hatten wie viele ihrer Kollegen, sondern beide bürgerlichen Berufen nachgingen, Hein als Kaufmann, Oss als Lehrer. Sie fanden dennoch nicht nur Zeit für ihre Konzerte, sondern sammelten weiter in wackerem Fleiß auf dem großen Feld der Volkslieder, schrieben Bücher und gaben Liederbücher in konkurrenzloser Qualität heraus.

Das bedeutendste der Bücher war die große Sammlung „Das sind unsere Lieder", das viele Auflagen mit 55000 Exemplaren erzielte und mit internationalen Preisen bedacht wurde[13], unter an-

---

[13] „Das sind unsere Lieder", herausgegeben von Hein & Oss Kröher. Mit 32 farbigen Bildern und 73 schwarzweißen Zeichnungen von Gertrude Degenhardt. 1977, Frankfurt am Main, Büchergilde Gutenberg. – „Die Liederpfalz". 1987, Landau, Pfälzische Verlagsanstalt. – Oss Kröher: „Cowboylieder". 1980, Mainz, B. Schott's Söhne – „Sing Out", 1973; „Joli Tambour", 1978; „Die Liederreise", sämtlich von Oss Kröher bei Ernst Klett Verlag, Stuttgart. – Hein Kröher: „Auf der Saurierzunge". Geschichten eines Vaganten. 1994, Kempen, Edition moses Verlags GmbH. ISBN 3-929130-09-2. – Oss Kröher: „Auf irren Pfaden durch die Hungerzeiten". 2011, Blieskastel, Gollenstein Verlag.

deren der Silbermedaille auf der Weltausstellung für Buchkunst 1977 in Tel Aviv.

Die 17 CDs, von denen ich anfangs berichtete, waren die Frucht dieser intensiven und leidenschaftlichen Beschäftigung der Zwillingsbrüder mit Liedern aus aller Welt, nicht nur deutschen Volksliedern, sondern ebenso Liedern aus Frankreich, Griechenland, aus Russland und von den Ostjuden, aus der englischsprachigen Welt, und es waren nicht nur die alten Lieder, wie sie seit der Zeit des „Zupfgeigenhansl" um 1900 wieder erinnert wurden, sondern auch Lieder, die seitdem neu entstanden waren, zunächst in Jugendgruppen, dann aber auch unter den Kämpfern des Widerstandes gegen den Faschismus und die faschistischen Diktaturen. Dabei verfielen Hein & Oss aber nicht vorbehaltlos den anglo-amerikanischen Strömungen, die als Modewellen des westlichen Kultur-Imperialismus über den Atlantik schwappten.

Die beiden ersten Sammlungen auf den uns vorliegenden CDs „Hein & Oss singen Volkslieder: Auf den Plätzen, auf den Straßen" und „Auf der großen Straße" zeigen schon, wo die beiden den Lebensort ihrer Lieder sehen: Dort, wo das Volk singt, wie ihm der Schnabel gewachsen ist – nicht im kunstvollen Konzert, wo die Zuhörer sich dem Genuss der Kunst des auf der Bühne Gesungenen hingeben, sondern wo es selber singt in seiner naiven Lebensfreude und seinen oftmals auch sentimentalen Lebensnöten, von „Innsbruck, ich muss dich lassen" bis zu „Wir haben im Feld gestanden, da war kein Brot vorhanden, war große Hungersnot", vom Lied der Internationalen Brigaden über den Kampf gegen General Francos spanische Faschisten, „Spaniens Himmel breitet seine Sterne über unsre Schützengräben aus", bis zu „Grandola, vila morena", das das Signal der portugiesischen Revolution wurde.

Von ihren vielen großen Reisen, in denen sie als Botschafter deutscher Kultur für das Goethe-Institut und für den Deutschen Akademischen Austauschdienst (DAAD) unterwegs waren, brachten Hein & Oss auch viele Lieder der bereisten Länder mit nach

Hause; sie wurden gesammelt auf der CD „Songs of the World"[14] mit 16 Liedern wie dem französischen „Chevaliers de la table ronde", dem jiddischen „Zehn Brüder sennen mir gewesn", das aus dem polynesischen Sprachdreieck stammende Lied „John Kanaka" (die Bewohner dieser pazifischen Inselwelt wurden von den Seeleuten gern zu Unrecht und abwertend „Kanaken" genannt, wobei dieses Wort in ihrer Muttersprache „Mensch" bedeutet), und das Chanson „Les Canuts", das Aristide Bruant schon um 1900 im Cabaret „Chat Noir" vorgetragen hatte und das an die Seidenweberaufstände in Frankreich in der Mitte des Jahrhunderts erinnerte – eine Parallele zu den schlesischen Weberaufständen, die Heinrich Heine mit seinem Gedicht „Im düsteren Auge keine Träne" angeprangert hatte. Es wäre schön gewesen, wenn wir die Texte dieser Lieder in dem Booklet zu dieser CD gefunden hätten, aber wir finden eine Reihe von ihnen in dem großen Liederbuch von Hein & Oss, „Das sind unsere Lieder".

Aus einer anderen, weiteren und zugleich engeren und härteren Welt stammen die Lieder der Seeleute, die Shanties, reine Männergesänge, zu denen die Stimmen der Zwillingsbrüder Hein & Oss den kraftvollen Hintergrund gaben; man hört aus ihnen zugleich die Trauer heraus, dass die große Welt der Segelschiffe unwiederbringlich vorbei ist.

Als die Sammlung der „Soldatenlieder" 1967 zum ersten Male veröffentlicht wurde[15], konnte man dies ein Wagnis nennen, denn es geschah zu der Zeit, als die Wellen der 68er-Revolte am höchsten schlugen; bei den Burg Waldeck Festivals griffen die Protagonisten der Proteste, Rolf Ulrich Kaiser, Franz Josef Degenhardt und Erich Fried, in fulminantem Missverständnis diese Lieder als Vorbereitung eines neuen Militarismus an, als bekannt wurde, dass

---

[14] Hein & Oss: „Songs of the World"; 1968, Langspielplatte bei SAGA, London Nr. FID 2110; jetzt bei RBM Musikproduktion GmbH Nr. 463 133.

[15] Hein & Oss: „Soldatenlieder", 1967, Langspielplatte bei CBS–S62909 und dann bei verschiedenen Labels; jetzt 2000 bei RBM Nr. 463 131. Es ist dem Booklet zufolge die am häufigsten veröffentlichte Produktion von Hein & Oss.

der anwesende Ernst Voggenreiter der Sohn des Verlegers war, „der das Liederbuch der neuen Wehrmacht" mit neuen Soldatenliedern herausgegeben habe – tatsächlich war es das Liederbuch der Bundeswehr, das von allen deutschen Liederbuch-Verlegern gemeinsam im Auftrag der Bundesregierung gestaltet worden war.[16] Die Aufregung legte sich etwas, als die nachdenklicheren unter den Eiferern begriffen, dass Soldatenlieder keinesfalls dem Hurra-Patriotismus der vergangenen hundert Jahre ihre Stimme gaben, die von frisch-fröhlichen Kommilitonen gesungen wurden, sondern dass sie unter den Volksliedern ebenso das Feld der Trauer, der Klage und des Zornes besiedelten. So gehören zu diesen Liedern nicht nur das Lied der Amur-Partisanen, die 1918 bis 1923 gegen die Interventionstruppen der westlichen Alliierten und Japans kämpften, sondern auch das jiddische Partisanenlied „Shtil, die nacht is oysgeshternt"[17] und das Lied der Moorsoldaten „Wohin auch das Auge blicket"[18], das als das Lied der Konzentrationslager-Häftlinge weltweit bekannt geworden war.

Kein solch dummerhaftiges Missverständnis wie bei den „Soldatenliedern" gab es natürlich, als Hein & Oss Lieder von Bertolt Brecht sangen[19], denn – wenn sich auch die bundesdeutschen Theater in den sechziger Jahren mit den Bühnenwerken von Brecht ziemlich schwer taten, galt er doch als ein Dichter der kommunistischen DDR – bei den Gruppen der Jungenschaft und der Nerother waren viele Lieder schon wohlbekannt seit den Tagen der „Hauspostille", die 1927 veröffentlicht wurde, und seit der Adaption etli-

---

[16] „hell klingen unsere Lieder" – Liederbuch der Bundeswehr. Herausgegeben vom Bundesministerium für Verteidigung. 1962, in Gemeinschaft: Möseler Verlag, Wolfenbüttel und Zürich; Musikverlag Tonger, Rodenkirchen/Rhein; Voggenreiter Verlag, Bad Godesberg.

[17] „Shtil, die nacht is oysgeshternt". Hirsch Glik (1920 bis 1943).

[18] „Wohin auch das Auge blicket", Text: Johann Esser (1896–1971) / Wolfgang Langhoff (1901–1966); Melodie: Rudi Goguel (1908–1976) / Hanns Eisler (1898–1962).

[19] „Bertolt Brecht – Lieder – Hein & Oss", 1969, Langspielplatte bei Da Camera Song, Nr. SM 95 021.

cher Brecht-Lieder durch den Hausdichter der Burg Waldeck, Werner Helwig, der ihnen eigene sangbare Melodien unterlegt hatte. Die Auswahl auf dieser CD ist etwas eigenwillig; dies dürfte der strikten Handhabung des Urheberrechts durch den Brecht-Clan zu verdanken sein. Aber auch so ist diese CD ein Gewinn, auch durch die Arrangements, die die Kröher-Zwillinge den Liedern zu geben wussten.

In den weiteren Kreis dieser Lieder gehörte dann auch die CD mit „Arbeiterliedern".[20] Diese Lieder der Arbeiter haben eine lange Tradition. Ferdinand Lassalle, der erste Präsident des „Allgemeinen Deutschen Arbeiter-Vereins" (ADAV), des Vorgängers der SPD, bat seinen Freund, den Dichter Georg Herwegh, ein revolutionäres, anfeuerndes Bundeslied zu schreiben. 1863 sandte Herwegh ihm sein „Bundeslied", das dann verschiedene Vertonungen fand, von denen die von Peter Heinz die bekannteste wurde. Die Zeilen

„Mann der Arbeit, aufgewacht,
und erkenne deine Macht!
Alle Räder stehen still,
wenn dein starker Arm es will!'"

wurden volkstümlich und immer wieder zitiert. Vom Berliner Landgericht wurde es im Jahre 1910 verboten.

Das 1897 in einer russischen Kerkerzelle von dem jungen Revolutionär Leonid P. Radin geschriebene „Brüder, zur Sonne, zur Freiheit" lernte der deutsche Dirigent Hermann Scherchen in russischer Kriegsgefangenschaft kennen und übersetzte es ins Deutsche; es wurde 1920 zum ersten Male in Deutschland gesungen, wo es unter den Arbeitern bald zu einem der populärsten Lieder wurde. Ebenso populär nicht nur unter Arbeitern, sondern auch in der deutschen Jugendbewegung wurde „Wann wir schreiten Seit an

---

[20] „Hein & Oss singen Arbeiterlieder". Aufnahme 1975, Büchergilde Gutenberg Nr. 20015/0; 2013 Bietigheim-Bissingen, RBM Nr. 463 134.

Seit"[21], das im Ersten Weltkrieg entstand und im Liederbuch des sozialdemokratischen „Reichsbanners" veröffentlicht wurde.

Die beiden großen von Hanns Eisler vertonten Brecht-Lieder „Vorwärts und nicht vergessen" und „Und weil der Mensch ein Mensch ist" wurden von Ernst Busch, dem großen Schauspieler und Sänger der in Spanien kämpfenden Internationalen Brigaden bekannt gemacht; sie gehören zum Kernbestand der Arbeiterlieder. Da sie nach 1945 auch zum Kernbestand der Singkultur der DDR zählten, wurden sie in der Bundesrepublik erst langsam bekannt, als die Brecht-Phobie im Zuge der 68er-Revolte ausklang. Die Volkssänger Hein & Oss übernahmen jetzt häufig und bei vielen Versammlungen die Rolle von Ernst Busch als die stimmgewaltigen Vorsänger.

Eine ganz eigene Gruppe von Liedern ergänzten die Arbeiterlieder; Hein & Oss nannten sie „Partisanenlieder".[22] Das waren Lieder, die den Kämpfern für eine bessere Welt eine Stimme geben sollten, den Einzelkämpfern gegen mächtige Gegner im Dickicht der Städte, die der Vergiftung der Wälder und Flüsse nicht mehr zuschauen wollten und nun deutlich Stellung nahmen. Es ist die Sammlung der ganz eigenen Lieder der Brüder, die sie selber gemacht haben; als Motto schreiben sie im Booklet

Die Flüsse sind zu Kloaken verkommen;
die Ozeane beginnen zu kippen.
Die Wälder sterben weltweit.
Die Luft ist vergiftet.
Eine wahnsinnige Rüstung
verschlingt Milliarden.

---

[21] „Wann wir schreiten Seit an Seit", Text Hermann Claudius, Melodie Michael Englert.

[22] Hein & Oss: „Partisanenlieder". 1984, Aufnahme und Langspielplatte bei SK-Records, Bübingen; 2013 CD bei RBM Musikproduktion GmbH, Bietigheim-Bissingen.

Diese Kämpfer nennen sie „Partisanen", und sie fordern die Hörer dazu auf, diese Lieder mitzusingen: „Dann werden sie zur scharfen Waffe gegen Gleichgültigkeit und Dummheit, gegen Demagogie und missbrauchte Macht. Dann kann auch die Hoffnung keimen auf Frieden in einer Welt, an der die Menschen Wohlgefallen haben.

So sind die Lieder „Gelobt sei das Gras" und „Der Pfahl" entstanden, die inzwischen schon an vielen Stellen bekannt sind und gesungen werden.[23] Leider hat der Verlag in seinem Begleitheft keine Texte abgedruckt; darum schreiben wir den Text von „Der Pfahl" hier auf:

Sonnig begann es zu tagen,
ich stand schon früh vor der Tür,
sah nach den fahrenden Wagen,
da sprach Alt Siset zu mir:
„Siehst du den brüchigen Pfahl dort
mit unsern Fesseln umschnürt,
schaffen wir doch diese Qual fort
ran an ihn, dass er sich rührt!"

(Refrain)
„Ich drücke hier, und du ziehst weg,
so kriegen wir den Pfahl vom Fleck,
werden ihn fällen, fällen, fällen,
werfen ihn morsch und faul zum Dreck.
Erst wenn die Eintracht uns bewegt,
haben wir ihn bald umgelegt,
und er wird fallen, fallen, fallen,
wenn sich ein jeder von uns regt."

„Ach, Siset, noch ist es nicht geschafft,
an meiner Hand platzt die Haut,
langsam auch schwindet schon meine Kraft,
er ist zu mächtig gebaut.

---

[23] „Der Pfahl". Worte und Melodie Lluis Llach; deutsche Übertragung Oss Kröher.

Wird es uns jemals gelingen?
Siset, es fällt mir so schwer."
„Wenn wir das Lied noch mal singen,
geht es viel besser. Komm her."

„Ich drücke hier ..." (Refrain)

Der alte Siset sagt nichts mehr,
böser Wind hat ihn verweht.
Keiner weiß von seiner Heimkehr,
oder gar, wie es ihm geht.
Alt Siset sagte uns allen,
hör es auch du, krieg es mit:
„Der morsche Pfahl wird schon fallen,
wie es geschieht in dem Lied."

„Ich drücke hier ..." (Refrain)

Der Drang nach Freiheit bewegt Menschen in aller Welt, wo auch immer sie ihnen genommen ist durch falsche Herrscher, seien es politische Diktatoren oder kapitalistische Ausbeuter. Und wo der Drang nach Freiheit sich Sprache verschafft, gibt es auch Lieder des Kampfes für die Freiheit. Auf ihrer CD „Freiheitslieder"[24] haben die Volkssänger Hein & Oss 14 solcher Lieder aus aller Welt zusammengetragen. Natürlich gehören dazu das Wiener Arbeiterlied „Wir sind das Bauvolk der kommenden Welt" und das italienische „Bandiera Rossa": „Avanti populo – Voran du Arbeitsvolk", dessen Ursprung unbekannt ist, das aber in vielen Übersetzungen in der ganzen Welt gesungen wird. Mit anderen Liedern wie das der Matrosen von Kronstadt, „Verronnen die Nacht und der Morgen erwacht", haben die beiden Sänger auch das vor allem in Frankreich bekannte „Le chant des partisans", das das Signal für die bevorstehende Invasion 1944 gab: „Ami, entends-tu le vol lourd

---

[24]   „Hein und Oss singen Freiheitslieder", 1977 Aufnahme und Erstveröffentlichung als Langspielplatte bei der Büchergilde Gutenberg, Frankfurt am Main; 2013 CD bei RBM Musikproduktion GmbH Bietigheim-Bissingen.

des corbeaux sur la plaine?" eingesungen, ein Lied, das auch heute noch jedem Franzosen die Zeit der deutschen Besatzung 1940 bis 1944 in Erinnerung ruft.

Eine andere Kostbarkeit finden wir auf den beiden CDs, die an das Hambacher Fest von 1832[25] und die deutsche bürgerliche Revolution 1848/49 erinnern.[26] Die angeblich so gemütliche Zeit des Biedermeier vor 1848 barg eine Fülle politischen und sozialen Sprengstoffs. Die unumschränkt regierenden Herrscher Österreichs, Preußens und Russlands sicherten ihre Herrschaft durch eine „Heilige Allianz"; das Verfassungsversprechen, das der preußische König 1815 seinem Volke gegeben hatte, blieb unerfüllt. Die französische Julirevolution von 1830, der belgische Aufstand gegen die Niederlande und vor allem die Erhebung des polnischen Volkes gegen die Zarenherrschaft zeigten auch der deutschen Opposition, dass die Throne der Herrscher nicht mehr so unerschütterlich waren, wie diese behaupteten. So begannen auch in den deutschen Fürstentümern eine Reihe revolutionärer Aktionen. Vor allem im Großherzogtum Baden und in der bayerischen Rheinpfalz entstand infolge relativ milder Zensur eine demokratische Presse, deren Protagonisten Philipp Jakob Siebenpfeiffer und Johann Georg Wirth waren. Wirths „Preß- und Vaterlandsverein", der „die Organisation eines deutschen Reiches im demokratischen Sinne" begründen sollte und die Freiheit der Rede, Errichtung einer parlamentarischen Volksvertretung und die Unterordnung der Exekutive unter die Legislative forderte, wurde am 1. März 1832 von der bayrischen Regierung verboten, Wirth verhaftet, aber nach vier Wochen gerichtlich wieder freigesprochen. Die sich in verschiedenen deutschen Teilstaaten entwickelnde vorrevolutionäre Stimmung nutzte der Preßverein, zu demokratischen Festen aufzu-

---

[25] „Hein & Oss singen Lieder vom Hambacher Fest", 1982 Erstauflage Langspielplatte bei der Büchergilde Gutenberg, Frankfurt am Main; jetzt CD bei RBM Musikproduktion GmbH Bietigheim-Bissingen Nr. 463 138.

[26] „Hein & Oss – Deutsche Lieder 1848/49", 1974 Erstauflage bei SONGBIRD (Electrola) 1-C 062-31 126; 2013, CD bei RBM Musikproduktion GmbH Nr. 463 219.

rufen, so zum „Allerdeutschenfest" am 27. Mai 1832 bei der Hambacher Schlossruine. An diesem Fest nahmen etwa 30000 Personen teil – es war die größte Volkskundgebung des deutschen Vormärz.

Aber weder die Organisatoren noch die Teilnehmer des Festes besaßen einheitliche Meinungen über politische Ziele und Kampfmethoden; da es keine organisierten Parteien gab, konnten sowohl Liberale als auch revolutionäre Demokraten den Erfolg dieses Festes für sich verbuchen. Wirth wie Siebenpfeiffer zeigten zwar viel persönlichen Mut, aber ihre Reden machten deutlich, wie unterschiedlich die Vorstellungen waren. Wirths pathetische Rede schwankte zwischen republikanischem Ultraradikalismus, Proklamation der Völkerfreundschaft und alldeutschem Chauvinismus. Siebenpfeiffer übertraf noch die revolutionäre Leidenschaft Wirths, blieb aber im Freiheitspathos gefangen, als er sich das künftige Europa auch ohne deutsche Hegemonie vorstellen konnte.

Die deutschen Regierungen reagierten eilig auf den „Hambacher Skandal" mit Beschlüssen zur Verschärfung der Pressezensur, zum Verbot politischer Vereine und Volksfeste und der Androhung von Arrest für das Anlegen der Farben Schwarz-Rot-Gold. Es setzte auch eine verstärkte Demokratenhetze ein, die zur Verhaftung aller „Hambacher" führte, die man ergreifen konnte. Trotz dieser Maßnahmen schwoll aber die demokratische Freiheitsbewegung, bis sie dann 1848 zu einem ganz Deutschland erfassenden Ausbruch kam.

Das Hambacher Fest ist im historischen Bewusstsein der Deutschen nicht so stark verankert wie die allerdings politisch ungemein folgenreichere Revolution von 1848; aber sie verdient mehr Aufmerksamkeit als der Ort, wo die Farben der bundesdeutschen Demokratie Schwarz-Rot-Gold zum ersten Male in die Öffentlichkeit getragen wurden. So ist es durchaus ein Verdienst der Brüder Hein & Oss, dass sie die in diesem Zusammenhang im Volk entstandenen Lieder zusammengetragen haben. Allerdings ist das ein sehr vielfarbiger Strauß.

Die Lieder des Spottes wie „O hängt ihn auf", die „Fürstenjagd" und „Die Frankfurter Studenten" machen Freude. Manche andere wie „Hinauf Patrioten! Zum Schloss, zum Schloss" und „Der Polen Mai – Brüder, lasst uns gehn zusammen" aber klingen merkwürdig; sie erinnern an Marschgesänge und Lieder heldenmütiger Kommilitonen. Meine Sympathie können sie nicht gewinnen. Aber es mag sein, dass sie durch diese Arrangements eine besondere Echtheit bekommen – vielleicht wurde damals so gesungen.

Ich vermisse das berühmte, damals weit in Europa gesungene, ursprünglich polnische „Noch ist Polen nicht verloren", das man leider bei Steinitz nachschlagen muss.[27] Es mag sein, dass die Verwandtschaft der deutschen Zeilen mit der polnischen Nationalhymne ein Hindernis für die Aufnahme dieses Liedes in die Sammlung war. Dafür entschädigt uns das ausgezeichnete Vorwort zum Umfeld des Hambacher Festes von Walter Grab, dem ich auch für meine Rezension zu danken habe.

Nun zu den Liedern um die deutsche Revolution von 1848/49, die einen Wendepunkt in unserer Geschichte darstellt, die aber bis in die Zeit nach dem Zweiten Weltkrieg ebenso wie die Erinnerung an das Hambacher Fest im Narrativ der deutschen Geschichte eine merkwürdig verkniffene, fast versteckte Rolle spielte. Die bis dahin herrschenden Gesellschaftsschichten erzählten deutsche Geschichte als Reichsgeschichte über Bismarck, das Zweite Kaiserreich und die Nationalgeschichte bis zur fürchterlichen Niederlage 1945, die schließlich zur Gründung der Bundesrepublik und damit auch zur Annahme der demokratischen Geschichte führte; erst damit wurde die Revolution von 1848 Teil des allgemeinen kollektiven Bewusstseins der Deutschen.

So kam es dazu, dass die die meisten Lieder, die um die Mitte des 19. Jahrhunderts entstanden waren, von den romantisch geprägten Sammlungsbewegungen um das Volkslied wenig beachtet

---

27 Wolfgang Steinitz: Deutsche Volkslieder demokratischen Charakters; Akademie Verlag Berlin. II; Nr. 196 – „Jeszcze Polska nie zginęła".

wurden; sie galten als „garstig" und bezogen sich auf das über-
lieferte Goethe-Wort „pfui, ein politisch Lied". Erst als mit den sogenannten 68ern die „linken" Traditionen und damit der Zugang
zur demokratischen Geschichte der Deutschen erforscht wurden,
entstanden die ersten Sammlungen der Lieder demokratischen
Charakters (Wolfgang Steinitz, s. o., Seite 89), und die Sänger der
Waldeck-Festivals, vor allen Peter Rohland und Hein & Oss, machten diese Lieder wieder lebendig; viele von ihnen gehören seitdem
zum öffentlichen Liederschatz. Allerdings nicht zum verdummen-
den Liederschatz der Medien, wo sich die Fernsehsender aller Cou-
leur damit hervortaten, das Singen von Liedern als Glitzershow zu
mißverstehen.

Tom Schroeder berichtet, wie die Lieder der 1848/49er-Revo-
lution zu Hein & Oss kamen: „Das ist zunächst furchtbar einfach",
sagt Oss, „… da hat sich vorher eben kaum eine Plattenfirma ran-
getraut, obwohl wir diese Songs schon jahrelang im Repertoire
haben." „Über hundert Jahre", ergänzt Hein, „sind sind solche
Stücke ja fast ganz unterschlagen worden, zensiert, eingestampft."

Noch bis 1910 haben Liedforscher es nicht gewagt, die Quellen-
angaben der Lieder zu erwähnen, die mehr als sechzig Jahre zuvor
von z. B. Gesellen- und Turnvereinen, von Sänger- und Burschen-
schaften gesungen worden waren; in Kneipen, Gartenwirtschaften,
Casinos von Provinzhotels, aber auch auf der Straße, auf den
Barrikaden.

„Das Heckerlied haben wir noch von unserer Mutter gelernt",
erklären die Kröhers. Und sprechen dann von den Burg Waldeck
Festivals und ihrer Freundschaft zu Peter Rohland: Er nahm noch
vor seinem frühen Tod 1966 Stücke aus dem Vor- und Nachmärz
auf; sie erschienen 1967 auf der Schallplatte „Lieder deutscher Demokraten"[28], dem ersten 48er-Album in der Bundesrepublik. Es ist
nie groß bekannt geworden, sehr zu Unrecht. „Aber das war auch

---

[28] Peter Rohland: „Lieder deutscher Demokraten", August 1967; Edition Peter
Rohland, LP EPR 1.

so eine Zeit", wundern sich die Kröhers, „wenn man da die über hundert Jahre jungen Lieder vorgetragen und erklärt hat, ‚das sind politische Lieder', dann wurde man schon manchmal ausgelacht."

Einige der Lieder sind inzwischen volkstümlich geworden, so besonders das „Bürgerlied" und das Spottlied gegen die Polizei nach dem Aufstand an der Frankfurter Konstablerwache, wo 1837 sechs der inhaftierten Studenten entkommen konnten.[29] Es wäre schön gewesen, wenn im Booklet die Texte mitgegeben worden wären; der größere Teil ist allerdings in dem Liederbuch von Hein & Oss, „Das sind unsere Lieder", zu finden.[30] Andere stehen in dem Liederbuch „Pitters Lieder".[31]

Es ist nicht die Aufgabe des Rezensenten, sämtliche der 17 CDs dieser großen Sammlung von 244 Volksliedern, die uns die beiden Zwillingsbrüder Hein & Oss lebendig erhalten haben, im einzelnen zu besprechen. Die drei CDs „Cowboylieder", „Lieder der Jagd" und „Trinklieder"[32] stammen letztlich alle drei aus einer Männerwelt, erträumt und erlebt, aus Dschungeln und Wäldern, Lagerfeuern und Wirtshaustischen, von der wilden Liebe und der Bewährung in der wilden Natur. Allerdings sind dies keine trivialen Gesänge, wie sie uns massenweise von den Medien als Konfektion von der Stange angeboten werden. „Hein & Oss verzichten darauf, Lieder zu servieren wie schicke Brausetabletten, sie treten unge-

---

29 „Ob wir rote, gelbe Kragen", 1845; von drei genannten Autoren ist keiner als der Verfasser auszumachen. Die Melodie ist die alte zu „Prinz Eugen". – „In dem Kerker saßen": Worte und Melodie sind mündlich überliefert.

30 Siehe Fußnote 13.

31 „Pitters Lieder", herausgegeben von Helmut König, 2014, Baunach, Spurbuchverlag.

32 „Cowboylieder", 1980 als Langspielplatte bei SONGBIRD/MUSIC FACTORY mit dem dazugehörigen Buch „Cowboylieder", 24 Lieder mit Noten und Kommentaren; 1981, B. Schott's Söhne, Mainz. Jetzt bei RBM 2013 Nr. 463 131. – „Halali"; 1968, zuerst als Langspielplatte bei SAGA, London, jetzt bei RBM 2004 Nr. 463 132. – „Trinklieder", 1992, zuerst als Langspielplatte in der Büchergilde Gutenberg Nr. 21649/0; jetzt 2013 bei RBM Musikproduktion GmbH, Bietigheim-Bissingen Nr. 463 160.

schminkt und ohne Show-Effekt auf. Sie interpretieren nicht einmal, und mit Souvenirs handeln sie schon gar nicht. Was sie hier vorstellen, das ist ‚naturgewachsen', ‚unverseucht' und dennoch – nach einiger Gewöhnung ans Ungewöhnliche ‚gehörknöchelchenfreundlich'." (H. J. Stammel)

So muss man auch ihren Gesang nehmen. Es ist der Gesang echter „Volkssänger", nicht überformt von den Traditionen des Kunstgesangs, etwas rau, ja raubeinig, mit einem Schuss männlicher Melancholie, aber immer ohne aufgesetzte Sentimentalität und ohne falsches Pathos, und es klingt immer die Volksstimme der „Volkssänger", der unverwechselbare, aber nie aufdringliche Pfälzer Dialekt im Hintergrund mit durch.

Sie haben mit ihrer Lebensleistung ein großes und wahres Monument nicht nur des Volksliedes geschaffen. Möge das in die Zukunft wirken!

Mein alter Freund Oskar Kröher, genannt „Oss"

Wechselnde Pfade – Schatten und Licht – Alles ist Gnade – fürchte dich nicht

Oss – der Junge mit der Gitarre – und sein Zwillingsbruder Hein waren schon in ihrer Jugend ein Traumpaar, das jeder in der „Schlappestadt" Pirmasens kannte. Zu Weihnachten 1941 gingen wir mit dem Jungvolk ins Skilager an den Titisee. Das wunderschöne Schwarzwälder Haus gehörte dem Skiclub Freiburg und war uns durch die Firma Rheinberger, damals größte Schuhfabrik in der Stadt Pirmasens, vermittelt worden.

Hier lernte ich Oss, obwohl er mir bekannt war, beim abendlichen Singen erst richtig kennen.

Das Haus, in dem wir wohnten, lag an einem Hang, der zum See hinabführte – die sogenannte Idiotenpiste, die man hinabrutschte. Der Schnee lag an unserem Ankunftstag nicht besonders hoch. Im Gegenteil, das Gras war weiß bedeckt, das war's. Ja, aber Skifahren konnte man doch? Ich also auf meine Skier und den Hang hinunter. Unten erwischte ich einen schneebedeckten Maulwurfshügel, der meine Fahrt jäh stoppte, meinen Fuß auf die Seite drehte, wo er gar nicht hinwollte – und aus war's für mich mit der Skifahrherrlichkeit.

Klaus Rheinberger war der Koch der ganzen Mannschaft, sonst mein Jungenschaftsführer, und ich ab sofort sein Kartoffelschäler. Bequem auf einem Stuhl sitzend, den Fuß hoch gelegt und mit nassen, kühlenden Tüchern umwickelt, so verbrachte ich also meine Skifreizeit am Titisee.

Abends gab es Spiele und Singen mit Hein und Oss. In diesem Umfeld lernten wir uns kennen und verloren uns wieder aus den

Augen. Oss war zwei Jahre älter als ich, und in diesen Kriegszeiten war das eine Menge Holz, denn damals wurden alle, die halbwegs flügge geworden waren, eingezogen und machten so den Weg für ihre Nachfolger frei. So wurde Oss sehr schnell in seinem geliebten „Fähnlein sieben" Fähnleinführer und ich selbst, zwei Jahre jünger, Jungzugführer im „Fähnlein acht". Beide Fähnlein bestimmten die Qualität im Jungvolk der Stadt Pirmasens, jedes auf seine Art.

Klaus Hinkel in einem Lager
des Stammes Baunach im Jahr 2016

Es kamen die Bombennächte und dann die Jagdbomberangriffe. Oss ging mit seinem „Fähnlein sieben" zum Panzergrabenbau und ich mit der Einsatzstaffel auf Flugbeobachtung und später ebenfalls zum Panzergrabenbau. Ende 1944 wurde Oss eingezogen, und ich war immer noch bei der Einsatzstaffel und erlebte im März 1945 den Großangriff der Bombergeschwader auf die Stadt Pirmasens. Lange gab es keinen Kontakt. Denn Oss wurde der bekannte Weltreisende, Buchautor und weltbekannte Sänger. Wir heirateten im gleichen Jahr, ich einige Monate vor Oss. Erst im neuen Jahrtausend kam wieder ein Kontakt zustande. Wir trafen uns, sprachen vom Damals und Heute und schwelgten in Erinnerungen. Zu meinem Geburtstag hatten Hein und Oss zugesagt, ein Konzert im „Pfadfinderzentrum Klaus Hinkel" in Baunach zu geben. Ich hatte das Zentrum mit den Mitgliedern und meinen Freunden aus der Pfadfinderbewegung aufgebaut.

Der Auftritt von Hein und Oss verschob sich dann um ein Jahr, war aber ein ganz toller Erfolg.

Das neue Buch von Oss erschien im Spurbuchverlag, und auch ein weiteres wurde bei uns verlegt. Oss Kröher ist auch das 15. Heft des Mindener Kreises gewidmet, das im Spurbuchverlag erscheint.

So wirbelte uns also das Leben durcheinander: Den einen vom Jungvolk zu den rot angehauchten Wandervögeln, den anderen vom Jungvolk zu den katholischen Pfadfindern. Wir waren oft nicht einer Meinung, aber – und das ist das Wichtigste – wir sind Freunde geblieben und respektieren die Meinung des anderen.

Dir, Oss, alles Gute für die nächsten Jahre und hoffentlich noch zahlreiche Wiedersehen in Pirmasens oder Baunach.

Fritz Stelzer (Pauli): Hof im Schwarzwald

Es ist nicht der Eselstall, was hier vom einstigen engen Gefährten
tusks, Fritz Stelzer, gezeichnet wurde. Die Grafik stammt aus einer
Mappe „Junge Künstler. Fritz Stelzer. Acht Zeichnungen", die die
Deutsche Jungenschaft 1948 herausgegeben hat, aufgefunden
im Nachlaß von Muschik, Fritz Jeremias

96

*Der Maulbronner Kreis trifft sich jedes Jahr zweimal im „Eselstall"
des Klosters Maulbronn. Soweit ich mich zurückerinnern kann,
war Oss da. Er kam oft schon lange vor dem offiziellen Beginn als
einer der Ersten, um in Ruhe Gespräche mit den langsam eintreffen-
den Kameraden führen zu können und um die Lieder anzustimmen, die
ihn und den Kreis so lange begleitet hatten.*

*Oss stand mit seinem Zwillingsbruder Hein lange im Rampenlicht.
Dort wurde er geehrt und gefeiert. Der Maulbronner Kreis war
dagegen sein Rückzugsort. Hier war er Gleicher unter Gleichen, um-
geben von Gefährten und Kameraden, die ihn schätzen und mögen
und mit denen er auch auf Fahrt war.*

*Im November 2016 hat sich Oss vom Maulbronner Kreis verab-
schiedet. Er gab „Altersgründe" an, doch sicher fehlt ihm in dieser
Runde auch sein voriges Jahr verstorbener Bruder Hein.*

*Er ist heute der letzte noch lebende der „Gründungsväter" und hat
oft über die Jahre gesprochen, in denen aus den Maulbronner Treffen
der Maulbronner Kreis wurde. Lassen wir ihn doch selbst berichten.*

Rainer Kurtz (Raki)

Oss Kröher

Der Maulbronner Kreis

Wie kam es, dass vor mehr als einem halben Jahrhundert sich
ausgerechnet in Maulbronn alte und junge Bündische zusammenfanden? Dass sie vornehmlich aus jungenschaftlichem
Milieu stammten? Sie kamen anfangs aus Stuttgart, Freiburg, Köln,
Straßburg und Pirmasens.

Erst im Lauf der nächsten Jahre gesellten sich Rotgraue aus
Karlsruhe, Tübingen und Frankfurt dazu.

Fritz Jeremias, „Muschik", aus der Ludwigsburger dj.1.11 hatte
gerade die staatliche Baudirektion in Maulbronn als Amtsleiter
übernommen. Er bezog eine geräumige Dienstwohnung in einem

Gebäude der ausgedehnten Klosteranlage der ehemaligen Zister-zienserabtei. Das im Jahre 1147 gegründete Kloster der Grauen Mönche gehört mittlerweile zum Weltkulturerbe und gilt als das in Deutschland am besten erhaltene.

In jenen Jahren arbeitete ich als Handelsvertreter einer nam-hafter Schuhfabrik und bereiste Baden-Württemberg als mein Geschäftsgebiet. Hein und ich hatten im Winterlager Haltern über Silvester/Neujahr 1948/49 die Horten der Schwäbischen Jungen-schaft kennengelernt und seither mit den Ludwigsburgern enge Kontakte gepflegt. Muschik war mit seinen Buben während der Osterferien 1951 ins Kohtenlager am Gardasee oberhalb der Stadt Riva gezogen. Dort besuchte ich die Schwäbische Jungenschaft auf der „ersten Motorradreise vom Rhein zum Ganges" und rastete zwei Nächte bei ihnen. Sie bestaunten den Weißen Falken und die Wellen, die wir in einem signalroten Kreis auf dem silbergrauen Beiwagen stolz aufgemalt hatten. Von daher stammte die enge Verbindung.

Weil ich in den Jahren 1953 und 1954 als Deutschlehrer an der amerikanischen Highschool auf dem Burgholzhof bei Stuttgart arbeitete, konnte ich die Freundschaften zu den Ludwigsburgern leicht vertiefen. Roland Zentgraf, genannt „Strolch", Roland Ruoff, genannt „Schlock", und „Oske", Roland Kiemle, gehörten zu mei-nen Gefährten. Strolch studierte damals Architektur, während Sch-lock und Oske ausgerechnet in jenem Jahr nach Kanada auswan-derten. So konnten diese beiden beim ersten Treffen in Maulbronn 1956 nicht dabei sein.

Nachdem tusk 1955 in der DDR verstorben war, zog Gabi Koebel mit ihren Söhnen Romin und Mikel in ihre schwäbische Heimat zurück. Im nahen Pforzheim fanden sie eine Wohnung. Muschik, den ich auf meinen Vertreterreisen regelmäßig in Maul-bronn besuchte, stellte mich den Dreien vor. Auch aus Köln gab es bereits Kontakte mit Familie Koebel. So beschlossen wir, im Kloster Maulbronn ein Treffen der ehemaligen Jungenschaftler zu veran-stalten. Als „Junge" kamen Hein und ich dazu.

Gabi Koebel und Rele Seidel – letztere an der Seite ihres Ehemannes Hans Seidel – waren die einzigen Frauen in unserem Kreis. Muschik hatte in der Jugendherberge Quartier gemacht. Der Herbergsvater, ein alter Nerother, ließ uns den Saal herbstlich schmücken mit Weinlaub und Kürbissen auf der großen Tafel. Im Kerzenlicht sangen wir zur Begrüßung gemeinsam „Ihr lieben Kameraden", und alle freuten sich am Wiedersehen nach so turbulenten Jahrzehnten. Jeder stellte sich vor. Hans Peter Nägele aus Brumath bei Straßburg hatte viele Jahre seines Lebens als Arzt an der Seite seines elsässischen Kollegen Albert Schweitzer verbracht.

Kurz darauf fand sich „Pauli", Fritz Stelzer, ein, Ernst Voos aus der alten dj.1.11 heiratete Gabi; wir luden Berry Westenburger nebst seinen Frankfurtern ein wie auch „Fuchs", Peter Bertsch, aus Karlsruhe mit seinen Gefährten.

Peter Rohland und Fred Kottek holte ich persönlich in Göppingen und Esslingen zum 1. Maulbronner Treffen ab.

Doch dem „Pitter" war der Kreis zu tusklastig, er plante Moderneres. Im Ehrenhain der Waldeck setzte der Maulbronner Kreis 1961 den Gedenkstein für den Gründer von dj.1.11. Den zertrümmerten rotgraue Fundamentalisten kurz danach.

Wir beiden Pirmasenser kannten die alte dj.1.11 ja lediglich von ihren Liedern und der Literatur des „Eisbrechers", der „Kiefer" und des „Lagerfeuers". Zwar hatten wir mit Siegfried Schmidt und seiner „Tatgemeinschaft" aus Speyer bereits 1948 die Burg Waldeck auf Fahrt besucht und Kontakte zur Freischar und den Nerothern gepflegt. Hier in Maulbronn trafen wir die engen Gefährten von tusk. Das befeuerte uns. Sie hingegen freuten sich an unserem Gesang.

Die Männer aus Köln brachten rheinische Sangeslust mit. „Old Hein", Paul Haubrich, „Tschess", Franz Zingsheim, und Theo Jung aus Neuwied standen uns deshalb besonders nah, weil aus ihrem Singen ähnliche Wonne erklang wie bei uns. Obgleich unser beider Repertoire schon breit angelegt war, lernten wir von den Kölnern neue Weisen – wie sie auch von uns. Joseph von Eichendorffs

Wunderliche Spießgesellen: Maulbronner unter den Hohlen Felsen bei Dahn.   Foto: Hanne Garthe

„Wunderliche Spießgesellen", das uns Luis Göttler gelehrt hatte, kannten sie beispielsweise nicht. Wohl aus diesem Grunde festigten sich die Bande zwischen Pirmasens und Köln ziemlich schnell. Über Jahrzehnte besuchten wir uns gegenseitig: Die Kölner zogen mit uns in die Höhlen des Wasgau. Wir feierten endlose Winternächte beim Alten Hein in der Friedrich-Schmidt-Straße zu Köln.

Die Stuttgarter mit Hans Seidel und Helmut Haug, genannt „Schnipp", mit dem letzten der „Keller-Buben", Martin, mit Erich Mönch, „Schnauz", und Theo Hohenadel alias „Gari" waren doch spröder als die Rheinländer. Muschik fungierte als der Katalysator, und nach kurzer Zeit hatten sich die Freundschaften gefestigt. Gari und Schnauz hatten bereits die Pfadfinderschaft „Grauer Reiter" gegründet mit dem eigenen Haus auf dem Hohen Krähen.

Die Freiburger gaben sich am freiesten. Leif Geiges, der berühmte Fotograf, besuchte uns bald darauf in Pirmasens und brachte die brennenden Schuhleisten meines offenen Kamins in Schwarzweiß auf eine Illustriertenseite. (Siehe Seite 132)

„Sprisse", Fritz Flückiger, der stämmige Tiefbau-Unternehmer, sang ebenso gern wie „Gustel" Riedlinger, „Mile" Bender und „Walterle", ihr Jüngster. Auf meinen Handelsreisen habe ich sie gern besucht und so auch den Kaiserstuhl kennengelernt, ebenso wie den Lorettoberg über Freiburg. Dort wohnte nämlich Sprisse mit seiner jungen Familie.

Unsere Pirmasenser Sanges- und Fahrtenbrüder Rudel, Helmut und Luis gesellten sich im folgenden Jahr dazu. Kuddel Speyrer kam aus Batavia zurück, wo er sieben Jahre lang als Hafenarzt die Seeleute versorgt hatte. Rolf Zeller, Werner Lehndorff, „Traun", gehörten ab Mitte der Sechziger zu den Kölnern, Horst zu uns Pirmasensern. Jetzt habe ich wohl die wichtigsten Namen der frühen Jahre genannt; dazu gesellten sich u. a. tejo, Walter Scherf, Gero von Schönfeldt oder Karl von den Driesch. Ich bin der einzige, der noch davon berichten kann. Hein ist im Februar 2016 verstorben.

Auf den Festivals „Chanson Folklore International" der ABW von 1964 bis 1969 galt die Maulbronner Jurte als ein Zentrum der neuen Barden. Degenhardt, Mossmann, Karl Wolfram, Christof Stählin, Michael Werner, Hannes Wader und Charlie MacLean brachten dort ihre Lieder zu Gehör.

Mittlerweile haben wir alle Gründerväter und viele der Nachfolger zu Grabe getragen und treffen uns jährlich zwei Mal im ehemaligen Eselstall der Klosterbrüder. Dann erheben wir unsere Gläser zum ehrenden Andenken an unsere Toten.

Andere „Maulbronner" sind an ihre Stelle getreten. Im notwendigen Interesse der Gemeinschaft wurden auch befreundete

Nerother, bündisch orientierte Pfadfinder und andere in die Freundesrunde aufgenommen.

Der Kreis lebte und lebt durch die freundschaftliche Verbundenheit seiner Angehörigen, seine regelmäßigen Treffen, sein Singen und nicht zuletzt durch die vielen Fahrten, zu denen „Oske" einen großen Teil beigetragen hat.

Beim ersten Treffen in der damaligen Maulbronner Jugendherberge im Kloster waren 42 Personen anwesend, die fast alle aus der dj.1.11 oder deren Umfeld stammten. Der größere Teil blieb dem Maulbronner Kreis treu. In den ersten Jahren war die alte dj.1.11 die prägende Kraft. So wurden diese Treffen u. a. dazu benutzt, tusk, dem Gründer der dj.1.11, ein schriftstellerisches Erbe zu setzen. Werner Helwig übernahm später diese Aufgabe.

In den folgenden Jahren ersetzten vor allem Nachkriegsjungenschaftler die „Alten" aus der dj.1.11. Das gemeinsame „Auf-Fahrt-Gehen", die Freundschaft untereinander und das Singen der alten Lieder wurde bewusst gefördert.

Dazu berichtet Berry Westenburger, der lange die Geschicke des Maulbronner Kreises geleitet hat und 2015 von uns gegangen ist:

„So wurden etwa 30 Wochenendfahrten in die deutschen Mittelgebirge, Alpenwanderungen, Segeltörns in Nord- und Ostsee, Fernfahrten in die Inselwelt Griechenlands in wechselnder Besetzung durchgeführt. Großfahrten nach Kanada, Alaska und Schottland, die in späteren Jahren unter Oskes Leitung auch mit anderen bündischen Interessenten in fremde Länder führten und immer noch stattfinden. Unvergessene Nächte in der Pfalz auf dem mittelalterlichen Vorwerk des Bärwartsteins, „Klein-Frankreich", und die ehemaligen Mai-Geburtstagsfeiern des Burgherrn Theo Jung, Neuwied, auf der Neuenburg, aus denen dann nach seinem Tod die Maisingen hier in Maulbronn entstanden.
Dutzende kleiner Kohten- und Jurtenlager, wie am Reislerhof im Wasgau, dem Hohen Meißner 1963, den Waldeck-Festivals und im Maulbronner Forst. Die Winterjurten von Fuchs, anfangs für die Maulbronner gedacht, die im Laufe der Zeit aber auch teilweise durch andere Teilnehmer ersetzt werden mussten."

Hans Mausbach (Hannes)

Oss trifft ein

Das Kaminfeuer im Eselstall des Klosters Maulbronn flackert. Immer mal wieder wirft einer der Gefährten ein paar Scheite auf die Glut. Wechselnder Lichtschein, Wärme.

Aber beim Stimmen der Instrumente heißt es, ein wenig Abstand halten, denn auch die Saiten spüren die Temperatur.

Noch sind nicht alle eingetroffen. Begrüßungen, Umarmungen. Kleine Gänge zwischen dem Kamin und der zum Kamin hin offenen L-förmigen Tafel, geschmückt mit Herbstlaub und Kerzen.

Weitere Gefährten treffen ein: Vaganten der Windrose, wunderliche Spießgesellen, fahrende Sänger und Erzähler, Ritter der Tafelrunde. Schon klirren Gläser und Klampfen, ein kleines Klimpern, ein Vorspiel ... Mehr als 30 Gefährten – ältere und jüngere – nehmen ihre Plätze ein, gewohnter Sitz, freie Wahl, wechselnd, nach Neigung.

„Jeder, der hier angekommen,
hat im Auge einen Funken,
kennt den Zauber der Balladen
und stimmt gern ein Liedchen an."

Oss trifft ein, einst mit Hein, doch jetzt allein, umringt von Freunden aus den pfälzischen Wäldern. Auch Achims tragende Stimme dringt nun herüber. Sie kommen vom Roten Sandstein, von den Felsen des Wasgaus, den Wäldern auf hohen Kuppen, auf denen einst Sickingen hauste.

Oss Kröher in Maulbronn in seinem Element, Mai 2001. Links hinten die Reproduktion des Gemäldes von Ilja Repin: Die Saporoger Kosaken schreiben dem türkischen Sultan einen Brief.   Foto: Uwe Biermann

Raki begrüßt und eröffnet.

Erneutes Stimmen und Anstimmen der Lieder. Liederwahl hin und her. Kleine Akkordfolge, und dann:

„In der Kneipe am Moor
singt und spielt einer vor ...
und der Klang
lässt die Männer lauschen."

Mit einem Räuspern wird die Alltagsheiserkeit abgeschüttelt. Stimmenprobe. Die ersten Lieder, zusammenführend, belebend. Oss stimmt an, stimmt ein, wenn ein anderer anstimmt.

Die Maulbronner setzen Segel. Das bündische Schiff mit Gefährten, Maaten und Gästen nimmt Fahrt auf. Bootsmann Oss, sein Kulani hängt am Haken.

„Falado, o Falado, wer seilt mit nach Falado?
Jeder sucht es, keiner fand,
Falado, das Wunderland …"

Oskars Liedergedächtnis scheint unerschöpflich und reicht über alle Strophen. Und der Klang trägt ins Weite.

Woher kommt dieser Schatz von Liedern, alten und jungen Melodien?

Aus dem tiefen Brunnen der Vergangenheit, aus neu entdeckten Quellen?

Aber auch von Joseph von Eichendorff, dem Vagantenlieder nur so aus der Laute drangen.

„Nach Süden nun sich lenken die Vöglein allzumal …
Et habeat bonam pacem qui sedet post fornacem."

Woher nur diese Liebesbeziehung zum Lied? Was fällt uns da ein, Oss?

Unsere Wälder, voller Lieder und Märchen.

Tramp nach Süden mit Messer, Schlafsack, Tagebuch und Stift trampen wir durchs Land. Tramp auf der Ladefläche des Lastwagens. Stimmen der Klampfe beim Rattern des Motors.

„Die Tippelei, ja Gott erhalt'se. Gute Nacht, auf Wiedersehn, Marie!"

Abendlied der Müdigkeit am Feuer der Kohte. Vom Schlendern durch die Gassen eines Städtchens in Apulien. Beim Aufwachen im Olivenhain. Aus dem federnden Schwingen des Kanus durch die Stromschnellen.

Lieder aus vielen Quellen, von der Eisbrechermannschaft, aus dem Baybachtal. In Gedanken an Werner Helwig, an tusk, in Gedanken an die Illegalität 1933–1945, in Gedanken an Berry. Zu der Tiefe der Überlieferung kommt das Unmittelbare neuer Schöpfungen und die Wildheit der Erfindung.

„Ja, Oss, erzähl uns eine kleine Vorausanekdote, vielleicht vom hüpfenden Stein auf der Wasserfläche ..." Das kannten wir als Jungens alle.

Während er noch zuhört, während ein Anderer mit dem Vorspiel beginnt, greift er wieder nach der Gitarre. Dann nennt er die Tonart und zählt ein altes Kosakenlied an.

„Platoff preisen wir, den Helden ..."

Hein, als er noch mit uns war, stand wohl auf, wanderte improvisierend umher und trug eine Strophe von Karratsch à cappella vor.

„Und manchmal schienen durchs Dachfenster rein
richtige Sterne
ins Paradies
und das liegt irgendwo bei Herne."

Oss wieder, als er allein unter uns blieb, und auch vorher schon, fasste als Meister des gemeinsamen Gesangs, als magister ludi, alles zusammen und erzählte gerne auch Episoden von der Entstehung aus der Frühzeit des Maulbronner Kreises.

Erzähler und Sänger waren sie beide und regten alle an, ihrerseits zu einem Solo anzusetzen. Einmal, als ich mich zu einem im-

Oss in Maulbronn, Mai 2016. Foto: Uwe Biermann

provisierten Beitrag erhob, begleitete er mich mit einem kleinen Vorspiel auf seinem Instrument.

Wenn Oss aus der Entstehung und Geschichte von Liedern erzählte und es, selten genug, vorkam, dass ihm jemand in die Parade fuhr, so stockte ihm nicht die Seele, sondern er antwortete großzügig, rückte ausgewogen und, wenn nötig, wehrhaft zurecht. Kleine Form oder große Form, vor seinem Gedächtnis und seinen Talenten als Sänger und Erzähler verneige ich mich als Gefährte in der Freude am Lied.

Das von ihm und Hein gemeinsam zusammengestellte und herausgegebene Liederbuch mit Bildern von Gertrude Degenhardt, „Das sind unsere Lieder", entstand in der Gunst einer demokratischen Öffnung der Nachkriegszeit. Es hat das Verdienst einer Wirkung in die Breite mit Gesängen der Freiheitssehnsucht und des Zusammenhaltens und bleibt ein Juwel mit Wert für die Zukunft.

Liebe Kumpane
zur elften Stunde
führt den Eilfinger Riesling zum Munde.
Lied, Brot und Wein.
Stimmet an, schenket ein!

Gegen Mitternacht. Oss ist aufgebrochen. Angeregt von den frühen Höhepunkten der Singerunde, erklingt nun Lied um Lied, greift Bömmes in die Saiten, stimmt Durchdenwald das Lied von Mandalay an, erhebt sich Franks Stimme am Kamin, neben Mochel, Manni und Erni, neben Cavallos Balalaika. Manchmal ertönt gegenüber Jürgens Mundharmonika. Und Oske erzählt zwischendurch eine Anekdote von den Fahrten an die Seidenstraße.

Ja, wir kauern wieder um die heiße Glut.

Und nun dröhnt der Chorus auf
aller wandernden Gesellen.
Lausche in mein Herz und spüre:
Unbestechlich schlägt es schneller,

denn das Herz wird weit,
wenn wir alte, wenn wir neue
Lieder und Choräle singen.
Freunde, lasst die Gläser klingen.

Roland Kiemle (Oske)

Das Leben der Voyageurs

Im Winterlager der Deutschen Jungenschaft 1948/49 sind wir uns zum erstenmal begegnet. Es folgten gemeinsame Fahrten durch den Pfälzer Wald mit der Schwäbischen Jungenschaft aus Ludwigsburg und der Backbordwache aus Pirmasens – wie sich die Horte um Hein und Oss nannte. Seit dieser Zeit ist diese Verbindung nie abgebrochen. Fast siebzig Jahre sind seither ins Land gezogen, und sie besteht heute noch, wenn auch viele der Freunde nicht mehr unter uns weilen. Tief getroffen hat mich der Tod von Hein im vorigen Frühjahr – wir standen uns in vielen Dingen sehr nahe.

Nach meiner Rückkehr aus Kanada fand ich bei den Kröhers offene Ohren für die erlebten Jahre in der Wildnis des amerikanischen Nordens, und der Plan einer Großfahrt nach Kanada nahm im Maulbronner Kreis Gestalt an.

Oss schreibt in seinem Buch „Fahrende Sänger" auf Seite 293:

„Ihre tolldreisten Geschichten aus dem Wilden Westen mit Bärenaufbinden und dem Rauch der Friedenspfeife schlugen alle Gefährten in ihren Bann."

Und so starteten wir im Juli 1973 mit 16 Mann – zum Teil noch aus der Vorkriegs-dj.1.11 – auf den Spuren der „Voyageurs" nach dem Westen Kanadas. Da wir einen großen Teil der Strecke mit dem Kanu zurücklegen wollten, nannten wir uns: The Northwest Voyageurs.

Von den 16 Freunden aus der Gründerzeit des Maulbronner Kreises sind nur noch vier unter uns.

Hein hatte ein altes Voyageur-Lied ausgegraben, welches uns nun auf dieser Reise begleitete:

En roulant ma boule roulant

En roulant ma boule.
Derrièr' chez nous 'y a t'un étang.
En roulant ma boule.
Trois beaux canards s'en vont baignant.
Rouli, roulant, ma boule roulant.

Zusammen haben wir viele Kilometer auf Kanadas Strömen und Seen gepaddelt und gemeinsam unser En roulant in die Nacht hinausgesungen, wenn nur noch das Feuer die Dunkelheit erhellte. Zusammen zogen wir auf vielen Straßen dieser Welt und haben dabei viele alte Lieder wiederentdeckt.

Die beiden Zwillingsbrüder Hein & Oss Kröher, auf die diese Sätze zutreffen, sind das, was man in den USA oder Kanada „folksingers" nennt.
Und sie bezeichnen sich auch selbst als „Volkssänger".
Mit beiden verbindet mich eine jahrelange Freundschaft, unterbrochen nur durch den Tod von Hein im vergangenen Jahr.
Alle, die sich nach Kanada sehnen, hängen ein bisschen an dem Gedanken, das Leben der Voyageurs zu führen. Für einige Zeit wenigstens.

"I could carry, paddle, walk and sing with any man I ever saw. I have been twenty-four years a canoeman and forty-one years in service; no portage was ever too long for me. Fifty songs could I sing. I have saved the lives of ten voyageurs, have had twelve wives and six running dogs. I spent all my money an pleasure. Were I young again, I would spend my life the same way over. There is no life as happy as a voyageurs life!"

Aus
Hein & Oss
Kröher
(Hg.):
Das sind
unsere
Lieder.
Zeichnung:
Gertrude
Degenhardt

Büchergilde
Gutenberg
1977

Die Voyageurs und ihre Lieder

Im französischen Teil Nordamerikas, um den Sankt-Lorenz-Strom, der nach fast zweihundertjähriger französischer Oberhoheit an England fiel, als Frankreich im Frieden von Utrecht seine amerikanischen Kolonien an England verlor (Mitte des 18. Jh.), hatte sich eine Liedkultur entwickelt, die ihresgleichen sucht.

Die Art des Reisens in einem Land, wo weder Wege noch Straßen den Wald und die Gebirge erschließen konnten, brachte hier in dem Riesenland zwischen Atlantikküste und dem fernen Felsengebirge ein Kanuvolk zusammen, von dem es Erstaunliches zu berichten gibt. Die Kanuleute der französischen Kolonie lebten an Flüssen und Strömen und bereisten hier als Pelzhändler und Tauschhändler das indianische Hinterland. Die französische Kolonie war in ihrer Struktur dem feudalen Königreich Frankreich nachgebildet. Wer im französischen Nordamerika die Freiheit von Steuer und Adel, von Zwang und Knechtschaft suchte, der floh in die unerschlossenen Länder jenseits der Kolonialgrenze. Er floh im Kanu flussauf.

Das Riesenland östlich der Rockies entwässert südlich des Athabasca River in die großen Binnenseen, die wiederum durch Flüsse und Bäche, allenfalls durch niedrige Wasserscheiden getrennt, miteinander verbunden sind.

Vom Lake Winnipeg kann der Kanumann zu Wasser reisen bis zum Oberlauf des Mississippi, bis an das Felsengebirge, und über den Oberen See bis hinab zum Atlantischen Ozean.

Das Netz der Wasserstraßen ist größer als Europa. Waldindianer und Prärieindianer siedelten dort. Von den MicMac in Neuschottland bis hinauf zu den Cree an der Hudson Bay, den Athabasca und Algonkin auf dem Urgestein des Kanadischen Schilds, von den Irokesen bis zu den Sioux kamen alle nördlichen Stämme in diesem Gebiet vor. Die französischen Tauschhändler drangen mit ihren Kanus die Flüsse hinauf, an den langen, waldumsäumten Ufern der großen Seen ging es entlang.

Wenn ein Flussgebiet endete, war es leicht möglich, über eine sogenannte „Portage" in das nächste Flusssystem zu gelangen. So konnte die Hudson-Bay mit dem Sankt-Lorenz-Strom in Verbindung stehen, der Golf von Mexico über den Mississippi mit den Großen Seen, und diese wiederum über den Qu'Appelle und die südlichen Flüsse von Alberta und Saskatchewan mit dem Felsengebirge.

Ein Riesenreich ohne Straßen, das durch seine Wasserstraßen erschließbar geworden war. Die eingedrungenen Weißen folgten den indianischen Wasserwegen und entwickelten als Pelz- und Tauschhändler das Transportsystem bis zum Eisenbahnbau des 19. Jahrhunderts zu großer Perfektion.

Die Kanuleute nannten sich Voyageurs, von Voyage, so heißt im Französischen das Wort für Reise, Fahrt. Also die Voyageurs sind auf deutsch: die Fahrenden.

Ihre Lieder sind geblieben. Sie künden noch von ihnen, während ihre Rindenkanus längst in den Stromschnellen verrottet und in den Sümpfen und Niederungen verfault sind.

Die Rindenkanus, gebaut aus einem Gerippe von Zedernholz und Tannenästen, mit Birkenrinde als Außenhaut versehen, trugen die Männer, trugen die Lasten: das Schwarzpulver und das Blei, die Gusspötte und die Nähnadeln, die Äxte und die Sägen für die pelzjagenden Rothäute. Die Kanus und ihre Voyageurs brachten für den nördlichen Teil von Nordamerika den ersten Kontakt der steinzeitlichen Urbevölkerung, die gerade an der Schwelle zum Ackerbau stand, mit Europa. Mit den Kanus zogen die Voyageurs in alle Länder, in denen Pelztiere gejagt und eingetauscht wurden für Glasperlen, für Eisen und für Schießpulver.

Im Laufe der Jahrhunderte entstanden ganze Brigaden von Tauschhändlern, die im Frühjahr die langen Bergflüsse hinaufpaddelten und im Herbst wieder die langen Ströme herunterkamen. Zogen hinauf mit Plunder und gutem Zeug, kehrten heim mit Biberpelz und Rauchwerk, hochbeladen. Die Boote lagen tief im Wasser, der Freibord der Kanus kaum eine Spanne hoch. Sie waren schwer zu steuern, und noch schwerer wogen die Lasten beim Übersteigen der Portage.

Doch waren die Voyageurs starke Leute, wie uns aus alten Quellen berichtet wird.

Stark und branntweinfroh, liedgewandt und der Tabakspfeife zugetan.

Die Lieder aus dem alten Kanada künden sowohl vom bäuerlichen Leben dort am Ufer des Sankt Lorenz und von der alten Heimat im Frankreich des Sonnenkönigs wie vom Vagabundieren im großen Unbekannten hinter der Grenze der Kolonie, auf der Flucht vor den Zwängen eines Lebens in Unfreiheit.

„En roulant" – das meistgesungene Lied der Voyageurs handelt vom Schicksal dieser Vagabunden, denen von den Schätzen dieser Welt nur das bleibt, was der Wind den Mächtigen entreißt.

Der kanadische Liedersammler Marius Barbeu sagt, dass das Lied über dreihundert Jahre lang als lustiger Rudersong zwischen Vorsänger und Chor die Voyageurs anfeuerte, die „Coureurs de bois", die Entdecker der fernen Provinzen zwischen Eismeer und Tundra, Felsengebirge und Prärie. Im heutigen Frankokanada wird das „En roulant ma boule roulant" noch gesungen.

Mein lieber Oss, dein Bruder Hein hat mir diese Zeilen in mein Buch geschrieben:

„SUMUS DE VAGANTIUM ORDINE LAUDANDO

Das ist jener Orden, dessen weite Fahrten wie z. B. die von Oss Kröher bis nach Indien führten. Die Weltfahrten von Roland Kiemle (Oske) von der Mongolei bis nach Patagonien, von Afrika bis nach der Südsee, von Australien in die Antarktis und in den fernen Westen.

Großfahrten und Lieder haben uns zusammengeführt; die Deutsche Jungenschaft in all ihren Formen von dj.1.11 über die Nachkriegsjungenschaft von Haltern bis zum Bund deutscher Jungenschaften haben den Maulbronner Kreis gerundet und geweitet."

Dem ist nichts hinzuzufügen ...

Thomas Rothschild

Hein & Oss Kröher

Wenn man unter Liedermachern nur solche versteht, die eigene Texte und Melodien singen, gehören Hein und Oss Kröher nicht in dieses Buch. Sie sind aber für die deutsche Liedermacherszene von so großer und so einmaliger Bedeutung, dass wir nicht zögern, einer Definition zum Trotz hier das Prinzip einmal zu durchbrechen. Sie selbst nennen sich Volkssänger. Und wenn man beachtet, dass eine LP von Hannes Wader sich ebenso, nämlich *Volkssänger,* betitelt, sieht man schon an solch einem oberflächlichen Signal, wohin der Einfluss von Hein & Oss reicht.

Sie treten nur paarweise auf. Die Zwillinge aus Pirmasens haben es schon so manchem schwer gemacht, der versuchte, sie einzeln anzusprechen: Sie sehen sich so ähnlich, dass Verwechslung für sie wohl Alltag ist. Und so löst sich das Problem, dass Hein & Oss als Einheit auf die Bühne gehen und hier auch als solche behandelt werden dürfen. Wenn es auf der deutschen Folk- und Liedermacher-Szene Sänger gibt, die nicht nach Ruhm und kommerziellem Erfolg schielen, denen das Singen ein ursprüngliches Bedürfnis, eine elementare Art der Äußerung geblieben ist, dann sind das Hein & Oss. Es ist diese Bescheidenheit, diese Unbekümmertheit um die Erfordernisse des Marktes, diese Kollegialität, die andere Künstler nicht als Konkurrenten, sondern als Sangesbrüder sieht, was sie so sympathisch macht, gewiss aber auch um weiterreichende Berühmtheit gebracht hat. Sie haben ihre Fans; wo sie auftreten, werden sie gründlich mit Applaus bedacht, aber als Kultidol sind sie gänzlich ungeeignet. Und das ist gut so.

Ihre Biographie unterscheidet sich auch von der vieler anderer. Zunächst: sie sind älter als die Stars der Liedermacher-Zunft. 1927 geboren, sind sie geprägt von der Jugendbewegung, von der Tradition des Wandervogels. Über die Widersprüchlichkeit der deutschen Jugendbewegung ist schon viel geschrieben worden. In ihr war ein muffiger Nationalismus angelegt, aber auch die antibürgerliche Revolte. Es ist diese antispießerische Tradition, die Hein und Oss Kröher mehr und mehr zum kritischen, ja sozialistischen Lied brachte, sie mehr und mehr zur Linken stoßen ließ. Aus der Jugendbewegung aber blieb ihnen die Lust am Singen, die Freude am Gemeinschaftserlebnis. Bis heute haben sie sich die ungekünstelte, naiv-frische, kräftige Art des Gesangs bewahrt, bis heute lädt ihr Vortrag mehr zum Mitsingen als zum andächtigen Zuhören ein.

Der Name von Hein & Oss ist eng verbunden mit dem des 1966 jung verstorbenen Peter Rohland. Mit ihm begründeten sie die Liedermacher-Treffen auf der Burg Waldeck im Hunsrück, die bis 1969 stattfanden und so ziemlich allen, deren Name heute in der Szene bekannt ist, von Franz Josef Degenhardt bis Hannes Wader, von Reinhard Mey bis Walter Mossmann, von Schobert und Black bis Christof Stählin, ihre ersten großen Erfolge brachten, mit ihm teilten sie das Interesse für die verschüttete demokratische Liedtradition Deutschlands. Vergessen wir nicht: Die große Sammlung von Steinitz in der DDR hatte bei uns keine Entsprechung. Peter Rohland hat als erster Lieder der 1848-Revolution gesungen – zum Teil in eigenen neuen Vertonungen – und auf Platten aufgenommen. Inzwischen haben Dieter Süverkrüp und Hannes Wader, zahlreiche Gruppen der neudeutschen Folk-Bewegung und – am konsequentesten – eben Hein & Oss auf seine Arbeit zurückgegriffen und sie fortgesetzt. So sind die Zwillinge aus Pirmasens nicht nur Sänger, sondern auch Forscher und Volkskundler, und sie geben kein Konzert, ohne Herkunft und Bedeutung ihrer Lieder zu erklären, sie in einen historischen und gesellschaftlichen Kontext zu stellen. Kein Wunder, dass sie sich für Didaktik interessieren: Oss Kröher unterrichtet an der Schule, aber auch an der Pädagogischen Hochschule in Landau, und sie haben zusammen Liederbücher für Schulen herausgegeben.

Aus der Feder der Zwillinge stammt auch das kenntnisreichste Buch über die Liedbewegung der sechziger Jahre. Es erschien 1969 unter dem Titel *Rotgraue Raben. Vom Volkslied zum Folksong* im Südmarkverlag. In diesem Buch erfährt man, wo Hein und Oss und viele ihrer Sangeskollegen herkommen, welche Rolle der amerikanische Einfluss und dann die Festivals auf der Burg Waldeck spielten. In Interviews werden die bis heute wichtigsten Liedermacher – Franz Josef Degenhardt, Hanns

Peter Rohland: Foto: Roland Beeneken

Dieter Hüsch, Walter Mossmann, Dieter Süverkrüp und andere – vorgestellt, und es ist nicht uninteressant, nachzuprüfen, wie sich deren Ansichten und Einstellungen seither verändert haben.

Die Darstellung der Kröhers, die in jeder Zeile deren direkten, warmherzigen, ungekünstelten Sprechduktus erklingen lässt, gibt wertvollen Aufschluss über soziale Herkunft und Einordnung der modernen Singebewegung. Ein großer Teil der Liedermacher, selbst solche, die heute der DKP nahestehen, kommt aus der Jugendbewegung, gar von den später auf der Waldeck heftig bekämpften Nerothern.

1966 nahmen Hein und Oss Kröher ihre erste LP auf: Soldatenlieder. Nicht hurrapatriotisches Kriegslob ist ihre Tendenz, sondern

117

kulturhistorische Dokumentation eines Standes, dessen Progressivität noch im 19. Jahrhundert Franz Mehring in seiner *Lessing-Legende* nachwies. So findet man auf dieser Platte einerseits Lieder, die vom Leid und von der Not des Soldatentums berichten, wie *O König von Preußen, Die große Hungersnot, Der Deserteur* oder *Arm und Reich,* anderseits Lieder aus Freiheits- und Widerstandskämpfen anderer Völker, wie *Die Amur-Partisanen, Adelante* oder *Shtil, die Nacht is oisgesternt.*

Diese Soldatenlieder kommen dem kunstlos-frischen Singstil der Kröher-Brüder entgegen, ihrer unmittelbaren Freude an musikalischem Witz, aber auch Pathos, und sie blieben stets im ständig erweiterten Repertoire der beiden. Dieser Ton entspricht auch den Seemannsliedern, die sie auf ihrer Platte *Haul away* zusammenfaßten. Den unverbesserlichen Jugendbewegten, die selbst zu Wasser und auf dem Motorrad die Welt bereisten, die auch eine Tournee durch die Vereinigten Staaten absolvierten, mussten diese Lieder zusagen, die Abenteuerlust und Fernweh atmen, Gefahr und Einsamkeit. Auch hier wieder ist das Repertoire international. Großsprecherische Deutschtümelei ist den Kröhers fremd. Vielmehr nähern sie sich dem völkerverbindenden Optimismus, der neoromantischen Singemission eines Pete Seeger. In ihren Liedern knistert das Lagerfeuer oder der Eisenofen, um den sich das junge Volk aus allen Ländern in der Jugendherberge versammelt, um sich bei gemeinsamem Gesang zu wärmen und näher zu kommen.

Wenn Hein & Oss Balladen und Songs von Bertolt Brecht singen, so hat das recht wenig mit der autorisierten Interpretationsweise einer inzwischen vertrauten Brecht-Orthodoxie zu tun. Aber es macht auf einen anderen Aspekt von Brechts Liedern aufmerksam: dass sie (zum Teil) im Laufe der Jahre zu Volksliedern wurden und als solche singbar sind. Die *Ballade vom Förster und der Gräfin* aus dem *Puntila* wurde zur Melodie eines schottischen Volkslieds gesungen: Hein & Oss holen die Melodie mitsamt Brechts Text in die Folklore zurück. Auch *Die Ballade von der Hanna Cash* (die mittlerweile selbst Hannes Wader in seinem Repertoire hat), *Die Ballade von dem Soldaten,* die *Legende vom toten Soldaten* oder das schöne Lied *Am Grunde der Moldau* sind nachsingbar: Die Kröhers machen es vor. Ihr Gesang schüchtert nicht ein durch Imponiergehabe, er fordert auf zum Selbstsingen. Falsche Ehrfurcht kennen die Kröhers nicht. (Manchmal freilich, wo sie sich allzu sehr auf ihr Gedächtnis verlassen, sind es nicht nur Fakten, die beim Fabulieren da heraussprudeln.) Die Namen der Komponisten sucht man auf dem Plattencover und dem Label vergeblich, und Hein & Oss gehen mit den Melodien bisweilen recht frei um. Aber das ist das Privileg von Volkssängern, und der respektlose Brecht dürfte nichts einzuwenden haben.

Mit den Platten der Kröher-Zwillinge lässt sich eine deutsche Geschichte im Lied darstellen. So haben sie eine ganze LP den Liedern der Revolution von 1848 gewidmet. Hier haben sie Studiomusiker hinzugeholt und die Songs mit aufwendigeren Arrangements eingängiger und farbiger gestaltet. Auf dieser Platte findet man Peter Rohlands Vertonung von Hoffmann von Fallerslebens Gedicht *Deutscher Nationalreichtum,* die durch ihren Schwung und den humorvollen Vortrag zu den Hits der Kröhers gehört. Hier auch findet man Freiligraths *Trotz alledem,* das inzwischen auch Hannes Wader aufgenommen hat und das verschiedenen Liedermachern Anregung war zu aktualisierenden Paraphrasen. Hier gibt es neben ernsten auch pathetische Lieder wie *Das Blutgericht* und *Das Lied von Robert Blum,* Satiren wie Freiligraths *Der gute Bürger* oder *Die Fürstenjagd.* Nur selten sind die Melodien dieser Lieder (soweit es sich nicht ohnehin um Gedichte handelt) erhalten. Zum Teil wurden also neue Melodien geschrieben, zum Teil wurden den Texten volkstümliche Melodien unterlegt, was der zeitgenössischen Praxis bei schnell entstandenen Revolutionsliedern durchaus entspricht. Den Charakter der Interpretation durch Hein & Oss kennzeichnet Tom Schroeder treffend im Covertext: „Die vorliegenden Aufnahmen sind nicht für eine 48er Gedenkfeier gedacht und nicht für ein Museum; sie sind, im wörtlichen Sinne, für den Gebrauch: Elternhaus, Schulhaus, Funkhaus, Verlagshaus, Versicherungshaus, Arbeitshaus, Freudenhaus, Abrisshaus ... Hausfriedensbruch, Hausbesetzer ..."

Ihre letzten Platten haben Hein & Oss für die Büchergilde Gutenberg produziert – und sie wenden sich somit an ein ganz bestimmtes Publikum: ein gewerkschaftsnahes, weitgehend proletarisches Publikum, das von unserem Kulturbetrieb vernachlässigt wird, das man meist mit billiger Schlagerware und minderwertiger Massenkonfektion abspeist. Die eine Platte enthält Arbeiterlieder von *Brüder, zur Sonne, zur Freiheit* über die *Acht-Stundenmarseillaise* und Brechts *Solidaritätslied* zu den *Moorsoldaten* und der *Internationalen,* das bald darauf erschienene Doppelalbum bringt Volkslieder – bekannte und viel gesungene – etwa *Wie schön blüht uns der Maien, Innsbruck, ich muss dich lassen, Ade zur guten Nacht, Der Mond ist aufgegangen* und *Muss i denn zum Städtele hinaus,* weniger bekannte, aufbegehrende, kritische aus ihrem früheren Programm, wie *O König von Preußen, Die große Hungersnot* und *Die Gedanken sind frei,* und neuere politische Lieder, die allmählich zu Volksliedern werden, wie *Die Herren Generale* und *Spaniens Himmel* aus dem Spanischen Bürgerkrieg und *Grandola, vila morena,* das Lied, das das Signal zum Ausbruch der portugiesischen Revolution gab.

Es soll nicht unerwähnt bleiben, mit wie viel Geschmack und Sorgfalt die Alben der Büchergilde Gutenberg gestaltet wurden. Was bei Platten, die zum Mitsingen einladen, selbstverständlich sein sollte, es aber keineswegs immer ist: Die Texte der Lieder liegen bei oder sind auf dem Cover abgedruckt. Freilich könnte noch manche Erläuterung, wie sie auf der 1848-Platte zu finden ist, von Nutzen sein.

Hein & Oss haben sich, lange bevor man von einer neuen Volksliedbewegung sprach, um das wahrhaft volkstümliche, das demokratische Lied bemüht. Sie sind sich treu geblieben. Die Entwicklung hat ihnen recht gegeben.

Aus: Liedermacher, Fischer-TB 1980, S. 71–74

Franz Josef Degenhardt

Hein & Oss zum 75. Geburtstag

Lieber Hein, lieber Oss, werte Geburtstags-Feiergemeinde,

wenn man als Gratulierender beinahe so alt ist wie die, denen man gratuliert, dann erübrigt sich ein sentimentales Getue. Wir haben allemal weniger vor uns als hinter uns. Und so brauchen wir uns nicht gegenseitig Lob zu reden. Wir können sagen, wie es ist. Zum Beispiel, ob wir uns gleichgültig sind, uns gar hassen, oder mögen und sogar lieben. Und letzteres tun wir uns nun mal, meistens jedenfalls, der Hein, der Oss und ich.

Zuerst habe ich nur einen von ihnen kennen gelernt: Oss – in einer für uns Fahrenden typischen Szene nachts am Lagerfeuer. Es war beim ersten Waldeck-Festival. Irgendwann sagte er: „Es gibt noch einen, der genau so aussieht wie ich. Er ist mein Zwillingsbruder. Du wirst ihn bald kennen lernen."

Das war bald darauf bei einem Festival in Berlin. Als ich meine Schmuddelkinder-Hymne sang, auf der Bühne, traten beide hinter mich, und sie spielten wie mein Schmuddelkinder-Freund Engelbert die Melodie des Refrains mit – auf in Butterbrotpapier gewickelten Haarkämmen. „Ich bin der Zwillingsbruder", sagte Hein nach dem Lied. Das war der Beginn einer – nun ich will nicht sagen: wunderbaren (denn was heißt das schon?), aber einer festen Freundschaft zwischen uns dreien durch all die Jahre. So fest jedenfalls, dass sie auch hier und da Kniest, Streit, divergierende Auffassungen über Gott und die Welt und wie das alles zusammenhängt, standhielt.

In politicis etwa, wobei unsereiner als Marxist ja leicht unwillig wird, wenn er mit „Laien" spricht. Doch hochnäsig bin ich hoffentlich nie gewesen, wie der Hein nie hochnäsig war und ist, wenn ich

Oss begleitet Franz Josef Degenhardt als Gitarrist bei seinem Auftritt hinter der Wiesbadener Hütte anlässlich des dritten Waldeck-Festivals im Sommer 1966.
Foto aus Oss Kröher: Fahrende Sänger. Baunach 2015, S. 435

sein enzyklopädisches Wissen anzapfe, im naturwissenschaftlichen Bereich vor allem, wo er im Theoretischen wie im Praktischen weit mehr kann als der normal Gebildete und Studierte. Oder ebenfalls nicht der Oss, wenn ich von ihm wissen wollte, wann und wie ein altes Lied – sagen wir aus dem 16. Jahrhundert – entstanden ist. Der Hein übrigens ist auch ein Könner in technicis, vor allem was Automobile angeht.

Und hier will ich nun ein Bekenntnis ablegen, erstmalig: in jeder meiner Erzählungen, auch in den Romanen von mir gibt es eine äußerst komplizierte Autoreparatur, wofür ich mir immer Hochachtung bei Lektoren, Lesern und der Kritik, darunter fachkundigen Automechanikern, einheimste. En vérité verstehe ich überhaupt nichts von Autos. Es sind Anweisungen, Erklärungen, Detailschilderungen von Hein, die da zu lesen sind – hier und da an den Stil der Erzählung von mir angeglichen. Ein großes Merci dafür noch mal, lieber Hein.

Zu den hier und da unterschiedlichen Vorstellungen über dies und das, in aestheticis schon mal, gehören divergierende Vorlieben, Einschätzungen, zum Beispiel im Pop-Bereich. Bestimmte Entwicklungen im Rap, Hiphop, Wave, in Techno vor allem, wo Pulsation und Körper viel präsenter und zentraler sind als in der traditionellen Liedermacherei, sehe ich viel positiver als die beiden. Auch wenn *ich* diese Stilelemente in meinen Liedern nicht oder wenigstens nicht wirklich benutze. Der sehr, vor allem in den musikalischen Bereichen, kenntnisreiche und versierte Oss ist da Gegner, aber auch – wenn auch nicht so radikal – der Hein. Sie stehen, was Vorlieben, Komposition, Arrangement, Interpretation von Liedern angeht, beinahe starrsinnig auf das musikalische Material der vor-industriellen und der vor-elektrischen Epoche. Dabei brauchen sie das überhaupt nicht. Jedenfalls nicht zur Rechtfertigung ihrer Arbeit, ihrer Werke, ihrer Arrangements, ihrer Ausdrucksmittel, ihrer Interpretationen. Das alles ist stimmig. Sie sind Hein & Oss – beinahe schon mythische Figuren der Liederszene in diesem Land. Zwei wie aus dem 19. Jahrhundert bis in diese Zeit ragende, dem Hoffmann von Fallersleben und dessen Vormärzkumpanen gleichende – und jetzt benutze ich ganz altmodische Bezeichnungen: laute und leise, warmherzige und schlitzohrige, gebildete und naive, streitbare und mitmachende, raubeinige und zartbesaitete, heute 75-jährige Kerle. Wie wir und viele sie kennen im direkten Beieinander oder aus Konzerten, Hunderten von Konzerten, und von Schallplatten, CDs, 17 Stück bis heute, von den *Soldatenliedern* aus 1966 über *Arbeits-, Freiheits-, Fahrten-, Partisanen-* und eigenen Liedern bis zur bis letzten, wunderschönen „*Falado*" aus 2002.

Medienleute nennen die beiden oft „Volkssänger". Ich mag den Begriff nicht mehr. Das Wort „Volk" war und ist zunehmend wieder in diesem Land verbrannt. Während der Nazizeit Herangewachsene wie unsereins wissen, warum. Thomas Mann lässt seinen Erzähler Serenus Zeitblom im „Doktor Faustus" sagen: „Wer die Massen mit ‚Volk' anredet, will sie betrügen." Der Begriff „Volkslieder", einmal etwas Geschätztes, ja Kostbares, hat etwas Ranziges gekriegt. Er konnotiert diese unsäglichen volkstümlichen Songs, die man beinahe allabendlich zur Prime-Time hört und sieht.

Hein und Oss haben in einer der letzten Ausgaben vom „Köpfchen", der Waldeck-Zeitung (ich nenne sie gerne „Der Zeltfurz" und lese sie mit Begeisterung), Gehöriges und Richtiges *dazu* geschrieben.

Die Anglo-Amerikaner übrigens bezeichnen Leute wie Hein und Oss als Singer and Songwriter. Wir haben dafür den Begriff „Sänger und Liedermacher", und das sind sie auch. Jedenfalls nenne ich sie so.

„Der Kröher-Sound ist unverwechselbar", habe ich mal über ihre Interpretationen, ihre Art und Weise des Musizierens geschrieben. „Ihre Stimmen sind ein Singsang aus voller Brust in einem rauen, manchmal knarzigen Ton, Bass-Bariton mit raspeligem Tremolo": Zum Beispiel *„Falado"*. Sie sangen es kürzlich noch auf unseren Martin, nachdem wir ihn zu Grabe gebracht hatten. Wer würde dieses Lied je anders hören wollen als von ihnen!

Es gab ja in den 70er Jahren so etwas wie eine Renaissance der Deutsch-Folklore, gereinigt von deutsch-nationaler Gemütlichkeit. Hein und Oss vor allem gehören zu den Begründern. Diese Deutsch-Folklore wurde zu einer Art Kult für im weitesten Sinne Linke – bis heute. Und das ist auch gut so, weil es in der geschichtsvergessenen Zeit von heute eine emotionale Erinnerung ans Früher, ans Herkommen vermittelt, an die, trotz aller hier und da Romantik und Idyllik, damalige wirkliche Wirklichkeit. Und koppelt damit an an das, was heute ist und wie es eigentlich sein sollte und müsste beim heraufkommenden Rechts-Populismus, hinter dessen forscher Gemütlichkeit wieder der Genickschuss droht.

Der Kröher-Sound, um noch einmal darauf zurück zu kommen (die größere Stimme hat der Hein, das raffiniertere Gitarrenspiel der Oss), dieser Kröher-Sound *kommt* von früher, von weither, und erinnert auch an manches, woran mancher manchmal nicht erinnert werden will, und zwar in einem doppelt' und dreifachen Sinn.

So ist das nun mal bei uns, wenn unsere – und nun sag ich's doch – Volks-Lieder derart erklingen, dass man das Plebejisch-Schmuddelige, Schlitzohrig-Aufmüpfige heraushört, aber eben auch das Treuherzig-Biedere, Freudig-Sich-Schickende und in dieser Mischung Sentimentale: das DEUTSCHE eben, von dem man weiß, wo das eine nicht, das andere doch hingeführt hat. Aber so ist das nun mal, und anders ist das *Authentische* nicht zu haben. Im Kröher-Sound ist das alles wirklich eingefangen: mit allem Schmer, voll Trotz und Rotz und echter und falscher Feierlichkeit, in aller Rauheit und Zartheit, Kühle und Sentimentalität, pompös zuweilen, dann wieder schlicht. Wie gesagt: deutsch eben. Diesem Sound übrigens fehlt meistens das, was Volksmusik, aber auch die gehobene Kunstmusik, vormals klassischer und romantischer Schule, auf den naiven Hörer oft bewirkt: die Übereinstimmung mit dem Bestehenden, indem sie in harmonischer Weise als Maskerade für eine Gesellschaft herhält, die mit ihren Feinden ebenso wenig Erbarmen hat wie mit sich selbst.

Der Kröher-Sound ist nicht kopierbar, und vermutlich sind die Kröher-Brüder – so schrieb ich damals – die letzten, die unsere alten Lieder noch *so* bringen. Und heute zu ihrem 75ten meine ich das immer noch und denke dabei an weitere, bestimmt 25 Jahre.

Die Lieder, die sie selber schrieben – eine beträchtliche Anzahl auch und auf vielen CDs zu hören –, unterscheiden sich musikalisch wenig von den alten. Und das ist auch gut so. Wie schrecklich, wenn Hein und Oss mit Mal UP TO DATE, „modern", im Soundtreck der Saison gar, sich anhören würden.

Als Sänger sind sie bekannter denn als hommes de lettre, die sie ja auch sind. Liest man sie, *hört* man sie erzählen. Das ist so Sängerart. Wenn der Oss seine tolle Motorradfahrt nach Indien und zurück zwischen Elefanten im Bauch eines rostigen Ladeschiffs beschreibt in seiner großen Reiseerzählung „Das Morgenland ist weit", Hein in seiner „Auf der Saurierzunge" zum Beispiel die Stunde des Fauns hören und schmecken lässt, Oss ihre Heimatstadt, das sagenumwobene Pirmasens beschreibt, Hein, Fritz–

Reuter-gleich, in der Mundart dieser Pfalzstadt die Geschichten vom Horeb bringt, dass man „les neiges d'antant" schmelzen sieht und er alle diese Figuren wieder auferstehen lässt, von denen wir uns so oft erzählt haben, früher: Schmuddelkinder, Auf- und Absteiger, kleine Leute, da, wo sie, ja, wo wir fast alle herkommen – ob vom Horeb oder vom Bahndamm. „Heimatdichter" ein bisschen auch sind die beiden, Lokalpatrioten, „wurzeln im Pfälzischen" schrieb mal einer. Und wenn da Ironie mitklingt bei mir – das macht auch das bisschen Neid von uns Verdächtigern des Heimatgefühls, die lieber nicht heimatverbunden sein möchten, weil uns in diesem Land das Urvertrauen abhanden gekommen ist und *wir* deshalb vielleicht, so halb wehmütig, nachtrauernd, die alten Lieder hören, manchmal hinterm Lachen die Sehnsuchtstränen verbergend. Aber lassen wir das an diesem Feiertag.

Übrigens fliehen sie ja oft in die weite Welt, um natürlich dann wieder heimzukommen. Fahrende sind sie geblieben, wie wir alle aus dem Nachtigallental, obwohl man sich fragt, warum bloß noch, wo das Traveln in der Zeit des Erlebnis-Tourismus zunehmend lächerlicher wird und die Reiseunternehmer damit werben, dass es erklärungsbedürftig ist, wenn man nicht reist.

Dass sie zu allem Volkslied-Forscher, Geschichtskenner sind, sollte man wissen. Und viele, darunter ich, fragen ihr Wissen gern ab, wenn es um so genanntes Liedgut und anderes aus grauer und nicht so grauer Vorzeit geht.

Einige Male sind sie dekoriert worden, staatlicherseits. Und es hat ihnen gefallen. Und warum auch nicht – sie sind ja von Grund auf Bejaher, oder wollen es jedenfalls sein. Es gibt ein Foto – ich glaube vom Geburtstagsfest zu ihrem Sechzigsten –, auf dem sie delphica lauro bekränzt ins Leben strahlen, beinahe jedenfalls. Denn da gibt es bei beiden eine kleine melancholische Falte um den Mund. Sie kennen ja gerade so gut den im Baumgespinst hockenden Vogel und die Nacht, vor der man Angst hat, wenn im Schwefelwind vom Moor die Stimmen flüstern, und sie tranken und trinken den violetten Wein: „Alà Kumpanen, Sangesbrüder ... ihr alle aus dem Nachtigallental ...", hab ich uns mal besungen.

Was uns übrigens seit eh und je gleichermaßen verbindet: Wir sind Amateur-Ornithologen, Vogelfreunde, erzählen uns unsere Nest- und Brut-Entdeckungen, sind begeistert, wenn in unseren Gegenden, im Pfälzer Gebüsch oder am Holsteinischen Moor, längst ausgestorbene Vögel wieder aufgetaucht sind ...

Der Eisvogel zum Beispiel oder der Rabe. Rufen uns sofort an, wenn die Mauersegler eingetroffen sind, in Pirmasens eher als in Quickborn, wenn wir die Mönchsgrasmücke zur Stunde des Fauns, die Amsel an Regenabenden gehört haben. Nun ja, wir aus dem Nachtigallental eben.

So habe ich Euch beiden als Geburtstagsgeschenk drei Kultbücher unserer früheren Jahre mitgebracht – von Bengt Berg „Mein Freund der Regenpfeifer" für den Hein, „Die Liebesgeschichte einer Wildgans" für den Oss, und für Euch beide zusammen „Mit den Zugvögeln nach Afrika", die leider vergriffen zur Zeit und nur noch in fernen Antiquariaten aufzuspüren sind. Lest sie noch mal. Wir werden darüber telefonieren, wie so oft in letzter Zeit über Vögel.

So, nun Schluss mit dem Hommagieren! Wir loben uns ja schließlich genug, wir alle in unseren inneren Dialogen, und manchmal auch sonst. Und der Hein und der Oss, die Jubilare heute, einfach auch nur durch ihre Existenz. Sie sind das, was Bourgeois „echte Persönlichkeiten" nennen und unsereiner schlicht und einfach „Mensch". Ja, ein Mensch, voilá. Jeder für sich, das seid Ihr.

Und nun will ich Euch noch ein Lied singen, wie sich das gehört für einen Sänger-Kumpan und Sangesbruder. Ein Lied aus unserer guten, alten, seligen Kumpanenzeit, als die Welt auch noch nicht in Ordnung war. Ich habe es textlich etwas verneuzeitlicht, nämlich Frauen hinzugesetzt, was wir damals nicht gemacht hätten. Ich sage ja: auch damals war die Welt noch nicht in Ordnung.

Frau Joana Emetz ist eine langjährige „Sangesschwester" von „Hein & Oss". Sie hat am 29. Mai 2016, drei Monate nach dem Tod von Heiner Kröher, im „Landauer Philosophengarten" zwei Porträts der Sangesbrüder enthüllt und dazu die folgenden Ausführungen vorgetragen:

Joana Emetz

Laudatio für Hein & Oss Kröher

Lieber Oskar Kröher, lieber Heiner Kröher (der du jetzt auch bei uns bist), liebe Angelika Kröher, liebe Gretel Kröher, meine Damen und Herren!

Als der Anruf von Ihnen kam, liebe Frau Holch, mit der Frage, ob ich eine Laudatio auf Hein & Oss Kröher halten könnte, da sagte ich leichtfertig: „Klar, mach ich gerne, das ist ja ganz einfach, ich kenne die beiden nicht nur gut, ich schätze und verehre sie, ich kann sie auch gut auseinanderhalten (was nicht allen Menschen immer gelang bei diesen Zwillingen) − und genau diese freundschaftliche Verbundenheit zwischen uns, die stellte sich dann erst mal als Hemmnis beim Schreiben heraus − denn während ich dieses Versprechen einlösen wollte, merkte ich nämlich, wie schwer es ist, das Viele, was ich weiß, kenne, liebe und schätze an Hein & Oss, in prägnante Formulierungen zu bringen und vor allem: zu begrenzen.

Denn wo beginnt man, wo hört man auf bei dieser Fülle von gelebtem, mit großen Verdiensten ausgestatteten Leben? Allein die Ehrungen, Auszeichnungen, Preise, Würdigungen, die in der Verleihung des Bundesverdienstkreuzes gipfelten, füllen Seiten. Die Auflistung der veröffentlichten Schriften, die Liedersammlungen, die Lebenserinnerungen, die Hein & Oss gemeinsam und auch jeder für sich veröffentlicht haben − füllen Bände. Von der ersten Monographie über die deutsche Folksongbewegung der Nachkriegszeit, deren Mitbegründer Hein & Oss sind, über die umfangreichen stilprägenden Liedersammlungen, die liebenswürdigen intelligent-bodenständigen Mundartkolumnen, bis hin zu den spannenden, lehrreichen und ergreifenden Reiseerzählungen, die Oskar Kröher und sein Bruder Heiner Kröher jeder für sich verfasst haben.

So will ich einfach jetzt erst mal erzählen, wie ich die Beiden, dich Oskar und deinen Zwillingsbruder Heiner, kennengelernt habe:

Es war Mitte der 60er Jahre. Ich war gerade mitten in meinem Studium und nebenbei, als Hobby, spielte ich Gitarre und sang. Da gab es bei einer studentischen Veranstaltung in Heidelberg den Auftritt von Hein & Oss. Es erschienen auf der Bühne – zwei prächtig aussehende Männer mit umgehängten Gitarren, von denen einer verblüffend gleich wie der andere aussah, zwei Barden, die mit bronzeglockenem vollem Gesang Lieder anstimmten, die mich begeisterten. Ich weiß, dass „Die Gedanken sind frei" dabei waren, der „Deserteur" von Boris Vian, und ein mich sehr berührendes jiddisches Lied. Ich war total angetan von Gesang, Ausstrahlung und – vom Repertoire! Das war auch das, was mir vorschwebte, Lieder zu singen, jenseits vom 50er Jahre-Schlager- und Schnulzenkitsch, mit dem ich aufgewachsen war. Ich hatte da zwar schon ein paar französische Chansons im Repertoire, von mir schüchtern vertonte Gedichte von Kästner oder Mehring, geläufige Lieder von Brecht, Tucholsky oder auch internationale Volkslieder – aber durch Hein & Oss und in der Folge durch die Sänger und Sängerinnen der Burg-Waldeck-Festivals wurde ich in dieser Richtung für das „neue Singen" in meiner Repertoiresuche ermutigt und bestärkt. Und später dann natürlich auch angeregt zum Schreiben und Komponieren von meinen eigenen Liedern.

Überhaupt, meine Damen und Herren: Burg Waldeck im Hunsrück! Lieber Oskar, ich springe jetzt und lasse die strengen Strukturdaten eures Lebens außen vor, hier habt ihr, Hein & Oss, mit anderen zusammen, Peter Rohland vor allem, auch er ein wichtiger

Sänger und Liederforscher – mit dem „Festival Chanson Folklore International" einen politisch-gesellschaftlich beachteten anstiftenden kulturellen Treffpunkt geschaffen, von dem wesentliche Impulse ausgingen. Unter einer europäischen Idee traten dort seit 1964 Künstlerinnen und Künstler auf, die aus ganz Europa kamen und aus den USA: Odetta, Phil Ochs, Colin Wilkie und Shirley Hart, Hai und Topsy Frankl, Juan und José und nicht zuletzt auch aus unserem Land Dieter Süverkrüp, Walter Mossmann, Christof Stählin, Franz Josef Degenhardt, Kristin Bauer-Horn, Aviva Semadar, Eva Vargas, Reinhard Mey, Schobert und Black, Hanns Dieter Hüsch, Hannes Wader und Schnuckenack Reinhardt – um jetzt nur die zu nennen. Hier entstand durch euere Mit-Initiative, euer Mitwirken ein – wie ihr es mal genannt habt – „Bauhaus des Neuen Liedes". Und das hatte magische Anziehungskraft. Es kamen in den Jahren viele tausend Menschen zu diesen Festivals auf Burg Waldeck, eine Stätte, die noch heute als sozio-kulturelles Zentrum aktiv ist.

Damals erklangen auch in neuer kultureller Aufgeschlossenheit südamerikanische und afrikanische Rhythmen, Skiffle-Music, griechischer Rembetika, Spirituals, altenglische Lautenlieder, französische Chansons, Lieder aus Israel, russische, polnische und in großer Selbstverständlichkeit jiddische Lieder. Und auf Anregung der ausländischen Kollegen und mit neuer Haltung: deutsche Volkslieder. Eine kulturelle Neuorientierung nach der Nazi-Barbarei, nach der wir jungen Leute damals – ich erinnere mich sehr gut – gar keine deutschen Volkslieder mehr singen wollten, weil sie politisch missbraucht und „von Stiefeln in den Dreck gestampft" worden waren – wie euer Freund Franz Josef Degenhardt es in einem Lied so trefflich formuliert hatte.

Die Waldeck brachte eine neue Haltung, ein anderes Singen, als das kollektiv verordnete, zum Marschrhythmus gebogene Lied, wie man es euch von 33 bis 45 eingebläut hatte.

Aus der bündischen Jugend kommend, die von der Hitlerjugend nahtlos einverleibt worden war, waren Hein & Oss noch als halbe Kinder 17jährig in den Krieg marschiert, und später, nach atemberaubender Flucht und Heimkehr ins zerbombte Pirmasens, nach der Gefangenschaft – der eine bei den Franzosen, der andere bei den Briten –, gab es als Begrüßung kein sentimentales Wiedersehensgesäusel, sondern nach einer herzlichen Umarmung die selbstverständliche Bruderfrage: „Kannst du den Rumbaschlag?"

Ab nun galt es den Brüdern Hein & Oss, nach Irrungen und Wirrungen Pionierarbeit zu leisten, mitzuarbeiten am Wiederaufbau und vor allem am Aufbau der Grundwerte für eine demokratische Gesellschaft, für ein lebendiges Europa. Die deutschfranzösische Freundschaft war auch euch ein Anliegen und ein Anfang dazu.

Und: LIEDER haben immer wieder mitgeholfen dabei. Obwohl beide Familien gegründet haben und beide notwendiger Weise einem Brotberuf nachgegangen sind – Oskar Kröher als Lehrer, Heiner Kröher als Kaufmann –, haben sie sich immer Zeit frei gemacht für ihre künstlerische Arbeit. Das Schreiben neuer Lieder, das Entdecken, das aus Archiven Hervorkramen historischer Liedschätze, es in herausragenden Liedersammlungen veröffentlichen und es so dem Vergessen entreissen – das Eine. Die Lieder auf die Bühne bringen und sie auf Tonträgern festzuhalten war das Andere: Mit Liedern Geschichte schreiben. Zeigen, wie es zugeht auf der Welt, in Heiterkeit, in Trauer, in Wut, in Empörung oder Revolte, zeigen, dass Welt veränderbar ist und wie Lieder dazu beitragen können. Zum Wohl der Menschen, zu allen Zeiten; zeigen, wie Lieder trösten, Mut machen, aufrütteln, Liebe stiften, Freude verbreiten und Heiterkeit, Solidarität bekunden, Menschen anregen zu eigenem Fühlen, Denken und Handeln. Ob man aus dem großen Lieder-Repertoire von Hein & Oss ihre selbst verfassten Lieder hört, Lieder aus den Bauernkriegen, aus dem Vormärz und der 48er Revolution, Soldatenklagen, Partisanen-, Widerstands- und Freiheitslieder aus der ganzen Welt, Gesänge der Bergleute und Seefahrer, Arbeiterlieder, die inzwischen ins WELTKULTURERBE aufgenommen wurden, oder vertonte Gedichte von Huchel bis Jewtuschenko oder Baudelaire – immer haben wir Zuhörerinnen und Zuhörer in eurer Interpretation und Darbietung eine lebendige Verbindung zum HEUTE und JETZT gespürt. Auf dass sie für andere Sängerinnen und Sänger nachsingbar sind, diese Lieder. Heute und künftighin. Unser wahres Volksliedgut. Gut!

Kein Lagerfeuer, aber die ausgedienten Schuhleisten brennen im häuslichen Kamin.
Foto: Leif Geiges, 1958

Ich hatte die große Freude, oft mit meinen lieben Kollegen und Freunden Hein & Oss unterwegs gewesen zu sein; wir standen gemeinsam auf der Bühne, viele Male im Fernsehstudio, wir saßen am Lagerfeuer. Und dann, wenn wir auf einer langen Bahnfahrt – z. B. in Schweden von Malmö bis Göteborg, von Stockholm nach Sundsvall hinauf die Landschaft vorüber ziehen sahen und ihr mich, lieber Oss, auf dies und jenes aufmerksam gemacht habt, mir die eine oder andere Geschichte zu dem Gesehenen berichten konntet, da musste ich an den Ausspruch eures Freundes Hai Frankl denken, der vor dieser Konzertreise, die wir fürs Goethe-Institut machten, zu mir gesagt hatte: „Wer mit den Kröhers reist, sieht mehr, hört mehr, erlebt mehr." Hai hatte Recht. Und immer gab es mit euch bei aller Ernsthaftigkeit der Unterhaltungen auch viel Heiterkeit und Lachen.

In Vorbereitung zu meiner Rede hab ich eine alte Einladung von euch gefunden, Einladung zum 150. Geburtstag am 17. September

2002. Und da stand in großen Lettern als Motto obendrüber: Cantate – Jubilate! Eure Freude am Singen, am Leben überhaupt war und ist ansteckend.

Lieber Oskar, wie oft habe ich dich und Heiner auf der Bühne erleben dürfen! Es war immer ein Ereignis! Und nicht nur für mich. Hein & Oss waren immer eine Gegenattraktion zum üblichen Geklimpere, Geschwätz und Aufgeplustere, das in den Medien und auf den Bühnen um sich gegriffen hat(te). Ihr wart jenseits des abgeflachten kommerziellen Hitparadengedöns, wo nur noch Einschaltquoten zählen. Immer habe ich gespürt, wie ihr bei eurem Publikum positive Persönlichkeitseigenschaften aktiviert, wie Gradlinigkeit, Aufrichtigkeit, Warmherzigkeit, Bildungswille und – Charme. Von euren Auftritten, Hein & Oss, ging immer etwas aus, das gegen Verrohung gerichtet ist!

Meine Damen und Herren, vielleicht denkt – bei so viel Lob – jetzt der eine oder die andere von Ihnen, „na, Joana hätte ja auch mal etwas zu Tadelndes finden können" – aber ich sag's ehrlich: Dazu hatte ich keine Lust.

Ich will meine Würdigung beenden, lieber Oss, mit einem Gedanken, der mir sehr gut gefallen hat, einem Satz, den ich am 19. März bei der Trauerfeier für deinen Zwillingsbruder Heiner gehört habe. Der Staatssekretär im Mainzer Kultusministerium Walter Schumacher hat es so gesagt: „Mit den wahren Volksliedern hat Hein mit Oss die deutsche Demokratie gefestigt. Ein glaubwürdiger Repräsentant des friedlichen, des weltoffenen Deutschland." Und das seid ihr und bleibt ihr: Hein & Oss, ob Volkssänger, Philosophen, Liedermacher, Liedersammler, Forscher, Herausgeber, Kolumnisten, Globetrotter, Vaganten, Geschichtenerzähler, Wegbereiter des neuen Singens, engagierte Gewerkschafter, aktive Naturfreunde, Wanderer oder Kanufahrer in wilden Wassern – immer bleiben Hein & Oss als Menschen und als Künstler glaubwürdige REPRÄSENTANTEN des friedlichen, des weltoffenen Deutschlands. Danke.

Wir sprachen mit Hein & Oss

Von Freiheit und Fernweh

Wenn die Leute fragen, lebt der Hecker noch, dann könnt ihr ihnen sagen ... auch dank der beiden Barden aus dem pfälzischen Pirmasens: „... ja er lebt noch." Unermüdlich singen sie schon seit vielen Jahren dem stur nach vorne orientierten Bürgertum die Überlieferungen vom revolutionären Aufbruch um die Ohren, der letztlich zu den 1848er Aufständen geführt hatte. Um das Treiben der, wenn man so will: außerparlamentarischen Opposition haben Hein & Oss bereits einen ganzen Liederkranz gewunden, der die in mancherlei Chronik ausgelassenen Ereignisse in ihrer Heimat und drumherum lebendig machen soll.

Die Zwillingsbrüder: Jahrgang 1927, weltläufig, vom jugendbündischen Fernweh durchdrungen und dennoch heimatverbunden, ungleichen Temperaments zwar, aber unzertrennlich. Als ich sie am Samstag mittag auf dem Marktplatz traf, lauschten sie gerade dem Festival-Vortrag des argentinischen Gitarristen Eduardo Falu, wandten sie sich immer wieder einander zu und senkten, heftig kopfnickend, voll Anerkennung ihre Mundwinkel. Es ist die stille Virtuosität des Argentiniers, die sie bewunderten, aber auch, und damit zusammenhängend, noch etwas anderes: „Das ist ein Mann", schwärmt Oskar Kröher hinterher, „das ist der männlichste Mann, den ich je gesehen habe, weil der kein Aufhebens davon macht."

Heiner und Oskar Kröher sind so etwas wie Prototypen pfälzischer Leutseligkeit: „Kumm, saache mer doch Du zunonner (zueinander)", und schon sprudeln die beiden, einer dem anderen ins Wort fallend, zum weiß Gott wievielten Mal ihre zu Schlagworten verdichteten Lebensstationen hervor, darunter: „Als Bündische im

Hein & Oss, die Volkssänger als Karikatur ihres Freundes Moses Pankarz, der ihre Karriere seit Jahrzehnten begleitet

Jungvolk" – „Krieg" – „Händler" – „Holzmacher" – „Frauen beglückt und Frauen geschändet" – „Schmuggler" – „Schuhvertreter" – „Geheiratet und Söhne gezeugt".

Oskar („Ich mußte mal raus aus der Stickluft der Nachkriegsjahre") erfüllte sich anfangs der Fünfziger einen in den Nazijahren nicht verwirklichbaren Traum von „Freiheit und Fernweh", wie er in so vielen Liedern der Edelweißpiraten besungen wird, etwa in Werner Helwigs „Trampen wir durchs Land ...". Für zwei Jahre seilte er sich ab, über Griechenland („Dort sang ich mit Vassilis Tsitsánis Rembetika-Lieder"), Türkei ging's nach Indien. Heiner hätte nachkommen sollen, hatte sich aber in den Banden einer just gegründeten Familie verfangen.

Nach dem Weltenbummel und einem Dutzend von Jahren Handel mit Pirmasenser Schuhen studierte Oskar und wurde, was er „eigentlich schon immer" hatte werden wollen: Lehrer. Heute hat er einen Dreiviertel-Lehrauftrag an einer Hauptschule in seiner Heimatstadt. Dort lebt auch Zwillingsbruder Heiner, der als Lastwagenverkäufer arbeitet.

Bei beiden immer und überall dabei: die Gitarre. Heiner wie Oskar haben am obersten Wirbel ihrer Instrumente eine Nachbildung jener schwarz-rot-goldenen Kokarden festgezurrt, die vor rund 150 Jahren von den schätzungsweise 30000 Teilnehmern des Hambacher Festes getragen wurden, der ersten Massenversammlung demokratisch gesinnter Bürger auf deutschem Boden. Die Kröhers sind nicht nur Sänger, sondern auch Sammler von Liedern, ihr Repertoire peilen sie grob über den Daumen auf etwa 1500. Manches von dem ist auf insgesamt 16 Langspielplatten gepreßt, neben den 1848er und den Hambacher Liedern auch Lieder von Brecht, Arbeiterlieder. Ihre letzte Produktion, „Partisanenlieder", hat im Juni den Sprung in die Lieder-Bestenliste des Südwestfunks geschafft.

In der jüngsten Platte besingt das Duo nicht den heldenhaften Kampf bewaffneter Widerstandskämpfer. „Partisan" wird hier in seiner wörtlichen Bedeutung gebraucht: Parteigänger. Solche suchen sie, die mit ihnen streiten wollen „für eine friedvolle Welt der kleinen Leute", wie es im Plattencover heißt. Beklagt wird die Zerstörung der Heimat durch, auf einen gemeinsamen Nenner gebracht, Atomraketenstützpunkte und Giftgaslager im vom sauren Regen kränkelnden Pfälzer Wald. Es sind selbstgemachte Lieder gegen das Schunkeleinerlei bacchantischer Feste, Lieder, wie sie behaupten, die bei „Demonstrationen und auf dem Betriebsausflug, beim Wandern und in fröhlicher Runde" gesungen werden können.

So sehr auch die Platten viel zur Bekanntheit von Hein & Oss beigetragen haben, der etwas fülligere Heiner und der sehnigere Oskar gefallen mir life allemal besser als ihre mitunter steril wirkenden Stimmkonserven. Wenn sie den „Marsch der Roten Armee" oder das „Lied der Sozialistischen Arbeiterjugend von Wien" singen oder „Es war in Shanghai in der Ohio-Bar um Mitternacht", dann muß man sehen, wie sie ihre Stirn in Falten legen, die Augenbrauen bis schier zum Haaransatz hochziehen. Es gehören die lebhaften Gesten dazu, der Schalk, der sie umtreibt, die kommentierenden, nicht selten auch derben Sprüche. Mithin zwei Originale im derzeitigen Liedersängereinerlei. jol

In diesem Heft wird Oss neben vielen anderen hervorragenden Eigen-schaften auch als „Naturschützer" gerühmt. Um auch diese Seite seiner vielfältigen Neigungen und Kenntnisse angemessen darzustellen, wird im Folgenden sein erst am 22. April 2017 in der „Pirmasenser Zeitung" er-schienener Artikel über den Uhu abgedruckt. Dieser Beitrag zeugt nicht nur von seiner noch heute erhaltenen Formulierungskraft und geistigen Frische, sondern er unterstreicht auch seine Ausführungen über „Heimat und Welt" in der Freundesgabe für Jürgen Reulecke „..und die Karawane zieht weiter ihres Weges" (S. 244 ff.). Als Illustration ist eine Seite aus „Briefe an die deutsche Jungenschaft", Heft 2/1930, von Eberhard Koebel, tusk, beigegeben.

Oskar Kröher

„König der Nacht" – der Uhu

Kürzlich konnte man in der Presse eine erfreuliche Nachricht lesen: Vier Uhupaare haben im Laufe der letzten Wochen im Dahner Felsenland ihre Brutstätten bezogen. Die frohe Botschaft geht nicht nur Vogelfreunde und Heimatverbundene an. Sie macht Mut und spendet Zuversicht, denn die heimische Eule galt bei uns als ausgestorben wie vormals der Wanderfalke und der Kolkrabe.

Nach und nach gewinnt die heimische Vogelwelt ein Teil ihres alten Artenreichtums zurück. Sie war ja durch Gleichgültigkeit, Dummheit und Profitgier verarmt. Es wird aber noch Jahre dauern, bis die stark gefährdete Art Uhu nicht mehr auf der Roten Liste steht und sich die Population erholt haben wird. Bis Ende Juni sind alle Brutfelsen gesperrt, das heißt „Zugang verboten". Die Horste werden rund um die Uhr bewacht!

Was für ein Nachtvogel ist der Uhu? Wie sieht der denn aus? Nur Wenige sind mit seinem Wesen vertraut, denn diese Eule gab es ja hierzulande nicht mehr. Warum die Bestände im Laufe der letzten fünfzig Jahre in der Pfalz zugrunde gegangen waren, bleibt unerklärlich.

Größe, Gestalt und Gefieder

Der Uhu – *bubo bubo* – ist die größte Eule auf der Welt und gilt daher als Riese. Die Franzosen nennen ihn „Grand Duc" (Großherzog), die Engländer „Eagle Owl" (Adler-Eule). Seine Heimat ist die gemäßigte Waldzone Eurasiens. Das Männchen wird 67 bis 68 cm groß, das Weibchen 67 bis 73 cm. Die Spannweite der Flügel beträgt durchschnittlich 160 cm, beim Weibchen jedoch 180 cm. „Er" wiegt etwa 1900 Gramm, „sie" bringt über zweieinhalb Kilo auf die Waage. „Als die vollendetste Ohreule darf der vielbekannte, durch mancherlei Sagen verherrlichte ‚König der Nacht', unser Uhu, Schuhu, Buhu ... angesehen werden", schreibt August Brehm in seinem achtbändigen Standardwerk „Tierleben".

Seine Gestalt wirkt gedrungen. Das mag daran liegen, dass er keinen Hals hat, aber auch an seinem ungemein dicken Kopf und den sehr großen Augen. Der kurze Krummschnabel mit der gebogenen Spitze vollendet das katzenartige Eulengesicht. Die gelb umsäumten schwarzen „Federohren" auf dem Schädel sind sein Kennzeichen. Daran erkennt ihn sogar jeder Laie. Aber das sind gar keine Ohren, sie sehen nur so aus.

Des Uhus breite Schwingen sind am Ende abgerundet und rahmen seine breite Brust ein. Alle Schwanzfedern sind zirka 23 Zentimeter lang und am Ende gestutzt.

Seine Fänge sind so groß wie Männerhände, und die befiederten Ständer reichen ziemlich hoch hinauf. Die Füße bieten festen Halt auf Fels und Baum. Ihre spitzen Dolchkrallen klammert der Nachtjäger in den Körper seiner Beute; mit diesen scharf gekrümmten Waffen packt er zu, da gibt es kein Entkommen.

„Das sehr reiche und dichte Gefieder ist auf der Oberseite dunkel rostgelb und schwarz geflammt, an der Kehle gelblichweiß, auf der Unterseite rostgelb, schwarz in der Länge gestreift. Die Schwung- und Schwanzfedern sind mit braunen und gelblichen, dunkler gewässerten Punkten abwechselnd gezeichnet" (Brehm). Diese düstere Tönung gewährt unserer Großeule optimale Tarnung, denn in den meisten Fällen passt sie haargenau auf die Boden- und Rindenfärbung ihres Biotops.

Zeichnungen
und Text von
Eberhard Koebel,
tusk.
Aus: Briefe
an die deutsche
Jungenschaft,
Heft 2/1930

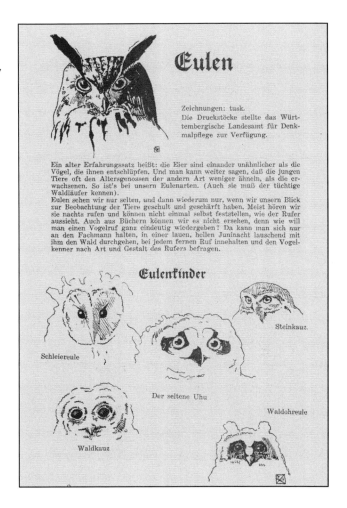

Das Federkleid der Eulen unterscheidet sich wesentlich von dem der anderen Vögel: Es ist weich und sehr zart, bei den Schwungfedern sind die äußeren Fahnen seitlich am Kiel sonderbar gefranst und gezähnelt, die innere Fahne hingegen ist seidenartig und wollig. Solch ein Gefieder ermöglicht dem Uhu einen leisen Flug, verhältnismäßig langsam, ein Mittelding zwischen Schweben, Gleiten und Rudern auf einer niederen Flughöhe. Man hört keinen Flügelschlag.

Die Augen leuchten wie Bernstein, ihr Außenrand ist rötlich. Weil sie starr sind, muss der Uhu seinen Kopf gut bewegen können. Das gelingt ihm glänzend, denn er schafft Drehungen bis zu 270°. Ja, er kann mit seinem Genick sogar einen Dreiviertelkreis schlagen! Dabei sieht er drollig aus, wenn sein Kopf weit nach hinten gewendet ist.

Der Uhu kann sehr, sehr gut hören! So vernimmt die Großeule z. B. das leise Rascheln einer Maus im Gras auf 50 m Entfernung, oder das Flügelfalten einer Krähe auf dem Schlafbaum. Die beiden Ohren sitzen seitlich am Kopf unterm Gefieder in ungleicher Höhe. Somit horcht der Uhu mithilfe eines stereophonischen Hör-Effekts, der ihm das Orten des angesteuerten Zieles erleichtert. Seine nächtliche Jagdbeute fällt daher stets reichlich aus.

Lebensraum und Jagdweise

Der Uhu bevorzugt gebirgige Gegenden, weil sie ihm mit ihren Waldungen und Felswänden gute Schlupfwinkel bieten. Er wandert nicht, verweilt vielmehr jahrein, jahraus in seinem Brutgebiet und streicht höchstens, solange er unverpaart ist, ziel- und regellos über Land. Der Wasgau eignet sich also gut für seinen Lebensraum. Bei Tage sieht man den Vorsichtigen selten, denn seine Färbung stimmt trefflich mit der Farbe des Buntsandsteins und der Baumrinden überein. Tagsüber schmiegt er sich auf einer Astgabel an den Stamm eines Nadelbaums, streckt seinen Körper in die Höhe, wobei er das Gefieder eng anlegt, so dass er schlank erscheint und gut getarnt zumeist übersehen wird. Seine Federohren hat er im Halbschlummer zurück gelegt.

Doch geschieht es, dass ein kleiner Singvogel den Riesen entdeckt und dies schreiend der ganzen Waldbevölkerung verkündet und ihn somit verrät. Jetzt eilen auch andere Schreihälse herbei, das Krächzen der Krähen, Elstern und Eichelhäher erfüllt die Luft, ihr Geflatter verängstigt die Eule. In heilloser Flucht versucht die Entdeckte ihr Glück, um zwischen den Baumstämmen abzuhauen und zu verschwinden.

Des Nachts kann man den Uhu öfter wahrnehmen, besonders im Frühjahr, während der Zeit seiner Paarung. Da macht er sich sehr bemerkbar durch sein auffallendes und weittönendes Schreien, ein tiefes „Uuuhu", Lockruf und Liebesgesang gleichermaßen. Das erste U ist dunkel betont, und sein Klang geht durch Mark und Bein. Der König der Nacht ruft seine Auserwählte. Die antwortet ihm eine Terz höher. Uhus können aber auch wild zischen und wie eine Katze fauchen, wenn sie sich bedroht fühlen.

Mit der Abenddämmerung erwacht er zögerlich auf seinem Tarnsitz und streicht ab. Erst wenn die Dunkelheit ganz hereingebrochen ist, beginnt die Eule ihr heimliches Jagdleben mit einem Streifzug. Sie schwebt lautlos und unhörbar niedrig über dem Boden dahin. Das geringste Geräusch kann sie zum Anflug ermuntern. Eine Maus! Auf den letzten paar Metern steuert sie ihr Ziel mithilfe der Augen an, dann schlägt sie zu und macht sich mit der Beute davon.

Am Fressplatz wird die Maus, ihre Hauptnahrung, in einem Happen ganz verschlungen. Im weiteren Speiseplan folgen Maulwürfe und andere Kleinsäuger wie Ratten und Kaninchen. Rebhühner, Gänse, Enten, Elstern gehören zu den Beutetieren. Letztere werden durchwegs beim Schlafen geschlagen. Sogar Igel gehören zur Nahrung des Uhus. Am Rätschelfels fand man unterhalb des Horstes zahlreiche leer gefressene Stachelhäute.

Der Uhu hat keinen Kropf und verschlingt die Beutetiere mit Haut und Haar direkt in seinen Magen. Wie alle Eulen würgt er die unverdaulichen Teile täglich als Gewölle wieder aus. Diese daumendicken Knollen sind aus Knöchelchen, Hornteilchen, Haaren und Borsten fest geballt. Waldgänger finden sie als untrügliche Zeichen der Anwesenheit einer Eule unter dem Schlafplatz oder in der Nähe des Horstes.

Die Brut

Das Weibchen beginnt bereits zu Anfang März mit dem Brüten. „Er" ist ein treuer und zärtlicher Gatte. Den Horst hat das Brutpaar meistens in einer unzugänglichen Nische wettergeschützt hoch oben in einer Felsenwand angelegt. Ein paar Äste und Zweige sind liederlich zusammen getragen und mit trockenem Laub gepolstert. Mitunter liegen die zwei, drei Eier auf nacktem Stein, sie sind weiß und so groß wie die der Gänse. Fünf Wochen lang sitzt „sie" auf dem Gelege und wird vom Männchen gefüttert. Danach schlüpfen die Jungen. Jetzt tragen beide Eltern den Nestlingen so viel Nahrung herbei, dass sie überreichlich versorgt sind. Um den Horst herum liegen daher die Überbleibsel von Hasen, Enten, Ratten und anderen Beutetieren. Nach fünf Wochen sind die Nesthocker flügge und verlassen den Horst. Sie können aber noch nicht fliegen und flattern in den ersten Tagen ziellos umher. Bis in die „Bettelflugzeit" kümmern sich beide Eltern um deren leibliches Wohl und atzen ihre Kinder weiterhin. Denn das Beuteschlagen will erst gelernt sein! – In Gefangenschaft können Uhus sechzig Jahre alt werden.

Waidmannsheil!

Im Wasgau muss der Uhu im neunzehnten Jahrhundert, wie Diezel in einem Kapitel seines Buches „Erfahrungen mit der Niederjagd" (Gotha 1856) schreibt, so häufig gewesen sein, dass alljährlich die Nestlinge ausgehorstet und an Tierhandlungen verkauft wurden, von wo sie die Jäger für die Hüttenjagd erstanden. Hier wird besonders der „Kanton Dahn" genannt.

Damals gab es in der Pfalz zahlreiche Krähenhütten. Sie wurden in einen Erdhügel gebaut, so hoch und lang, dass der Jäger darin stehen und schlafen konnte. 35 Schritt von der Schussluke entfernt saß der Uhu auf seinem Pfahl, der so genannten „Jule". Der Arme war an den Füßen gefesssult. Denn die Jäger benutzten Eulen als Lockvögel, um Krähen anzulocken und abzuschießen. Die „Rabenschwarzen" galten als schädlich. Zutiefst verängstigt legte der Uhu das Gefieder eng an oder sträubte es und zog dabei den Kopf ein.

Es dauerte nicht lange, bis die angebundene Eule einen Schwarm Krähen angelockt hatte; aber auch Habichte, Sperber und Bussarde strömten herbei. Sie setzten der Gefesselten mit tätlichen Angriffen arg zu, doch dabei konnte man sie mit der Flinte leicht abschießen. Die Hüttenjagd war sehr beliebt.

Bibliografie

Oskar Kröher:

„Sand und Salz. Kurzgeschichten", Südmarkverlag, 1967.
„Sing Out! Anglo-American Songs", Ernst Klett Verlag, 1973.
„Joli Tambour, französische Chansons", Ernst Klett Verlag, 1978.
„Liederreise" im Programm „Fremdsprache Deutsch",
    Ernst Klett Verlag, 1982.
„Das Politische Lied", Staatliches Institut für Lehrerfortbildung, Speyer.
„Felsen im Wasgau", Pfälzische Verlagsanstalt, 1993.
„Mein Pirmasens", Selbstverlag, 1994.
„Das Morgenland ist weit", Gollenstein Verlag, 1997; National Geographic
    Adventure Press, 2002.
„Anmut im Federkleid – heimische Vögel", Gollenstein Verlag, 2002
    (Illustrationen von F. Weick).
Hörbuch: „Das Morgenland ist weit – Autorenlesung", 3 CDs,
    Pläne records, 2005.
„Ein Liederleben – eine Jugend im Dritten Reich", Eigenverlag, 2007.
„Auf irren Pfaden durch die Hungerzeiten", Gollenstein Verlag,
    Herbst 2011.
„Vom Lagerfeuer ins Rampenlicht", Spurbuchverlag, Juli 2013.
„Fahrende Sänger", Spurbuchverlag, September 2015.

Oss und Hein Kröher gemeinsam:

„Rotgraue Raben – vom Volkslied zum Folksong", Südmarkverlag, 1969.
„Das sind unsere Lieder", Büchergilde Gutenberg, 1977.
„Europaliederbuch", Bundesvorstand der SPD, 1979.
„Cowboylieder", Schott Musik International/B. Schott's Söhne, 1983.
„Die Liederpfalz". Ein Liederbuch, Pfälzische Verlagsanstalt, 1987 u. 1991.
„Der neue Zupfgeigenhansl", B. Schott's Söhne, 1983.
„Spätlese trocken", Privatdruck, 2000.
„Naturerlebnisse von Hein und Oss Kröher". In: Gerhard Neudorf: „Idee
    und Bewegung", Heft 94, Juni 2011, Asbach-Sickenberg.
„Signale 63. Kalender der Jungen", ursprünglich Südmarkverlag, Reprint
    im Donat Verlag, Dezember 2012.

Entnommen Wikipedia, 12. 6. 2017.

Die Autoren

UWE BIERMANN

Jg. 1939. Bis zum Abitur habe ich in Mannheim gelebt. Mit 13 wurde ich in den Pfadfinderbund Nordbaden gekeilt. Durch ganz Europa gingen wir auf Fahrt – von Lappland bis Kreta. – 1960 begann ich mit einem Architekturstudium an der TU Karlsruhe und wohnte dort mit Peter Bertsch (Kunstakademie) in einer großen Atelierwohnung. Dort trafen sich viele Alt-Bündische und Gleichgesinnte zu Jamborees und Festen. Mit dabei waren Hannes Wader, Karratsch Degenhardt, Erich Schmeckenbecher, Reinhard Mey, Schobert und Black, Shirley und Colin und viele andere. Vor allem aber Hein und Oss, die mich und Fuchs 1962 zum ersten Mal nach Maulbronn mitnahmen. Danach viele Treffen auf Burg Waldeck. – Mit der Bekanntschaft von Oske nahm ich oft an seinen Weltreisen teil: Yukon im Kanu, Colorado im Schlauchboot, Burma auf einem Irawadi-Wohnboot, Südafrika und Sahara in Jeeps, wo wir auch „Wüstenschiffen" begegnet sind. – Über diese Fahrten und bündischen Treffen ist mit guten Worten berichtet worden – ich habe versucht, die schönen Ereignisse in Fotos festzuhalten.

FRANZ JOSEF DEGENHARDT (karratsch)

1931–2011; war promovierter Rechtsanwalt und Liedermacher. Die Lieder seiner ersten LP „Zwischen Null Uhr Null und Mitternacht" (späterer Titel „Rumpelstilzchen"), die er 1964 beim ersten Waldeck-Festival vortrug, machten ihn zum „ungekrönten König der Waldeck", der den Kurs des Festivals mitbestimmte. Mit Liedern wie „Spiel nicht mit den Schmuddelkindern" (1965), „Tot sind unsre Lieder" (1966) und „Zwischentöne sind nur Krampf im Klassenkampf" (1968) schrieb er Liedgeschichte. Sein Gesamtwerk umfasst über 30 LP-Produktionen. Degenhardt war auch erfolgreicher Buchautor, der in BRD und DDR verfilmt wurde. 1983 erhielt er den deutschen Kleinkunstpreis. Er war mit Rudi Dutschke befreundet und verteidigte als sog. „Links"anwalt APO-Mitglieder und die Baader-Meinhof-Gruppe. 1978 wurde er Mitglied der DKP. Das Sendeverbot, das er erhielt, nahm er in Kauf, denn er war stolz darauf, nicht „links", sondern „Kommunist" zu sein. Seine bündischen Wurzeln zeigte „karratsch", wie er auf der Waldeck genannt wurde, mit Bearbeitungen von Liedern wie „Wilde Gesellen" und „Trampen wir durchs Land".

JOANA (Joana Emetz)

Jg. 1944, aufgewachsen in Mannheim; Chansonsängerin und Lieder-macherin, Gesangs- und Gitarrenausbildung, Studium der Germanistik/Romanistik/Pädagogik, 1. und 2. Staatsexamen, kurze Zeit im Schuldienst, danach regelmäßig Konzerte/Tourneen im In- und Ausland (besonders fürs Goethe-Institut), Musikfestivals, Gewerkschaftsauftritte, Moderatorin eigener Rundfunk- und Fernsehsendungen, Drehbücher; viele ihrer Lieder sind in Schul- und Musikbücher aufgenommen. Veröffentlichung von 27 LP/CD-Produktionen, schreibt Lieder in Hochdeutsch und in ihrer Mudder-schbrooch „Kurpfälzisch". JOANA spielt in Bandformation zusammen mit Adax Dörsam (Saiteninstrumente) und Peter Grabinger (Klavier).

KLAUS HINKEL

Geb. am 12. 5. 1929 in Pirmasens. Schulzeit und Jugend in Pirmasens. 1945 bis 1951 in Baunach. Mitbegründer des Stammes Baunach. Stam-mesfeldmeister und Gaufeldmeister. Baubeginn des Pfadfinder-Heimes. Ernennung zum Georgsritter. 1951 bis 1958 in seiner Heimatstadt Pirma-sens. Gründung des Stammes St. Pirmin. Stammesfeldmeister, drei Jahre Gaufeldmeister des Trifels-Gaues, Dekanatsjugendführer Pirmasens Stadt und Land. – Beruflich von 1958 bis 1961 in Augsburg. Seit 1961 in Bau-nach. Wiederaufnahme der Stammesarbeit, Stammesfeldmeister. Wieder-gründung des Gaues Baunach mit Stämmen in Reckendorf und Ebern und kleineren Gruppen in verschiedenen Ortschaften. Gaufeldmeister des Gaues Baurach. Stammesfeldmeister, dann Stammesvorsitzender des Stammes Baunach. Drei Jahre Diözesanvorsitzender der DPSG (1970–1974) der Diözese Würzburg. Das Heim des Stammes Baunach wird reno-viert und zum Pfadfinderzentrum ausgebaut. Gründung des Fördervereins St. Georg e.V. und von der Gründung des Vereins 1968 bis 2016 dessen 1. Vorsitzender. Mitbegründer der „Europäischen Pfadfinderschaft St. Georg" und Mitbegründer und Leiter des „Deutschen Pfadfindermuse-ums", Verleger und Mitbegründer des Spurbuchverlags.

ECKARD HOLLER (zeko)

Jg. 1941. Gymnasiallehrer i. R. Jugendbünde: BDP und Deutsche Jun-genschaft e.V. in Karlsruhe. 1955–1969 Studium: Germanistik, Philoso-phie, Sport. Berufliche Tätigkeit: Lehrer am Gymnasium mit Deutsch, Sport, Ethik und Philosophie in Nagold und Tübingen von 1971 bis 2006. Kulturelle Tätigkeit: Gründung Club Voltaire Tübingen 1970, Tübinger

Folk- und Liedermacher-Festival 1975–1987. Publikationen: Der spätere Lebensweg von Eberhard Koebel-tusk, England-Emigration und DDR (1994); Die Ulmer Trabanten – Hans Scholl zwischen Hitlerjugend und dj.1.11 (1999); Peter Rohland – Volksliedsänger zwischen bündischer Jugend und deutschem Folkrevival (2005); tusk und dj.1.11 – Leben, Wirken, Wirkung (2005).

ROLAND KIEMLE (Oske)

Jg. 1935, geb. in Ludwigsburg. Freundschaft mit Hein und Oss Kröher seit dem Winterlager 1948 in Haltern. 1951 mit teja, Hermann Siefert, in der Schwäbischen Jungenschaft. Osterlager am Gardasee mit der Hamburger Jungenschaft und den Silberschwänen Krumbach (BDP) von Rudi Rogoll. Im Sommer Italien-Großfahrt mit der Ludwigsburger Horte von teja und Gockel (Rolf Gekeler), Kriegsgräberpflege. 1952 mit Stuttgarter Horte Schwäbische Jungenschaft und Rudi Rogolls Silberschwänen Frankreich-Großfahrt, Film mit Karl Mohri „Burgen – Zelte – Gräber", 1953 Großfahrt auf den Spuren von Oss Kröher in den Orient. Türkei – Syrien – Irak – Libanon – Ägypten. Einladung von General Nagib, Gast der Revolutions-regierung! Arbeiten auf dem Deutschen Soldatenfriedhof in El Alamein. Heimfahrt über Tobruk – Bengasi – Sizilien. 1954 Auswanderung mit einem Teil der Ludwigsburger Horte von teja nach Kanada. Klassische Anfänge im kanadischen Busch als Holzfäller, dann Seemann bei der ka-nadischen Navy, Maschinenbau-Studium in Vancouver, Freizeit-Rancher. Erste Jungenschaftshorte in West-Kanada. Seit 1960 im Maulbronner Kreis. 1965 ständige Rückkehr nach Deutschland mit Zweitwohnsitz in Kanada. Mitarbeiter des kanadischen Fremdenverkehrsamts: „Die Freiheit ist noch nicht ausverkauft!" Mehrere Outdoor-Geschäftsgründungen (Jack Wolfskin) in Deutschland und Kanada. Veranstalter weltweiter Abenteuer-Touren. 1973 Großfahrt mit dem Maulbronner Kreis nach West-Kanada, Fahrten durch Zentralasien mit dem Waldecker Freundeskreis. Unzählige Fahrten und Kanuexpeditionen durch alle Kontinente. Verfasser von meh-reren Abenteuer- und Reiseführern (Abenteuer und Legenden). „Vagant der Windrose", eine Biografie über ein erlebnisreiches Leben. 2016 Nos-talgie-Tour „Hoch zum Kasbeck".

HELMUT KÖNIG (helm)

Jg. 1930, geb. in Bremen, Gymnasium, Jungvolk, Volkssturm, 1949 Abi-tur. Jungenschaft ab 1948 in Bremen, Hamburg, Kiel, Göttingen. 1950 bis 1954 und 1958 bis 1960 Studium Germanistik und Geschichte in Kiel und

Göttingen; 1960 Staatsexamen. 1955 bis 1957 Verlagsassistent im Voggenreiter Verlag. 1961 bis 1965 Lektor an der Universität Kalkutta, ab 1967 bis 1990 Studienrat in Gross-Gerau (Hessen) und Mellendorf (Niedersachsen). Ab 1968 künstlerischer Leiter des Schallplattenverlags THOROFON. 1994 bis 2002 Vorstandsmitglied der Deutschen Landesgruppe der IFPI (International Federation of Phonographic Industries), seit 1996 Beirat des Deutschen Musikarchivs der Deutschen Nationalbibliothek. – 1956 Monographie „Rote Sterne glühn", ab 1953 Mitarbeiter, ab 1957 Mitherausgeber des Liederbuches „DER TURM", Herausgeber der Sammlungen „Der Regenpfeifer", „Chanson '67" und „tejos Lieder".

RAINER KURTZ (Raki)

Jg. 1942, verheiratet, zwei Kinder. Flucht aus Schlesien im Dezember 1944 nach Straßberg bei Augsburg. Nach Volksschule Oberrealschule Augsburg (im 4. Jahr abgebrochen), Lehre als Chemielaborant Hoechst AG, Bobingen, Studium: Chemotechniker in Augsburg. – Von 1958 bis 1963 in der Jungenschaft Schwabmünchen im Südgau der Jungenschaft im Bund und im BdJ. Freiwilliger Wehrdienst bei den Fallschirmjägern 1963–1965. Von Okt. 1965 bis Dez. 2000 bei der Hoechst AG, u. a. in Barcelona/Spanien, Lima/Peru und Frankfurt und schließlich von Jan. 1981 bis Dez. 2000 Betriebsleiter der Kosmetikfirma Marbert in Düsseldorf. Von Jan. 2001 bis Dez. 2005 Geschäftsführer von Logistikunternehmen im Kosmetik- und Medizinbereich. Seit Jan. 2006 im Ruhestand.

HANS MAUSBACH (Hannes)

Jg. 1936, geb. in Greifswald. Aufgewachsen während des 2. Weltkriegs in Berlin und im Elsass. Eine Tochter und zwei Söhne mit Dr. Barbara Bromberger, sechs Enkel. 1947–1956 am Stiftisch Humanistischen Gymnasium zu Mönchengladbach Latinum und Graecum, Englisch sowie Anfänge romanischer Sprachen, Abitur 1956. Danach bewusster Übergang in die Viersektorenstadt Berlin, u. a. wegen der internationalen Atmosphäre und des Theaters am Schiffbauerdamm unter Bertolt Brecht und Helene Weigel (und vieler anderer Bühnen). Studium an der Freien Universität: Morgens in der Anatomie und abends im Theater am Schiffbauerdamm. Inszenierungen von Brecht selbst geleitet und nach seinem Tod eine Vielzahl seiner Stücke in der Weiterführung seiner Auffassung vom Theater. – Fortsetzung des Studiums an der Universität Kiel und der Medizinischen Akademie Düsseldorf (später Heinrich Heine-Universität) und an der Universität Frankfurt am Main (heute Johann Wolfgang Goethe-Universität).

Nach medizinischem Staatsexamen und Promotion Tätigkeit am Städt. Krankenhaus Berlin-Wilmersdorf, am Städt. Rudolf-Virchow-Krankenhaus Berlin-Wedding, an der Psychiatrischen und Nervenklinik der Universität Frankfurt/M., in der Chirurgischen Universitätsklinik Frankfurt/M. und am Nordwestkrankenhaus Frankfurt/M. Ärztliche Approbation und Abschluss der Weiterbildung zum Arzt für Chirurgie. – Ausgehend von Mitscherlichs „Medizin ohne Menschlichkeit" Studium der Nürnberger Prozesse und eigene Veröffentlichungen zum Thema Medizin, Faschismus und Widerstand. Mitglied der International Physicians for Prevention of Nuclear War (IPPNW) seit ihrer Gründung. Weiterbildung auf dem Gebiet Sozialmedizin an der Akademie für Arbeits- und Sozialmedizin München. Berufung auf eine Professur für Sozialmedizin und Tätigkeit an der Fachhochschule Frankfurt, später Universität für Angewandte Wissenschaften. Seit 2000 Prof. em. – Nach evang. Jungschar 1947/48 Begegnung mit bündischen Gruppierungen am Niederrhein und in der Nordeifel, mit Karl von den Driesch und Michael Jovy. Austausch von Liedern, Treffen mit dj.1.11-Horten in der Nordeifel und im Hürtgenwald, erste Kohtennacht. Weitere bündische Begegnungen und endgültige Weggefährtenschaft an der Seite von dj.1.11. Mitglied des Maulbronner Kreises auf Einladung von Berry Westenburger seit dem 4. 11. 1995. Während der Schulzeit und nach dem Abitur Trampfahrten nach Frankreich, England, Schweden, Jugoslawien, Griechenland; Tramp nach Saloniki und 14tägige Wanderung von Kloster zu Kloster auf dem Athos (Chalkidike). In der Zeit des Studiums Fahrten als Einzeltramp und als „Seatramp" nach Kleinasien, Nordafrika, Saudi-Arabien, Äthiopien und Mozambique mit Passieren der Linie am 10. 6. 1959 auf MS „Therese Horn". Im Maulbronner Kreis Fahrten mit Oske und bündischen Gefährten an die Seidenstraße, nach Namibia und in die Sahara. 1998 und 1999 Fahrten mit medizinischen Hilfsgütern nach Kuba. Jüngste Veröffentlichung: Textsammlung „Trinksprüche, Sinnsprüche, Liedchen und Traumskizzen", Frankfurt/M. 2017.

JÜRGEN REULECKE

Jg. 1940. Prof. Dr., Abitur in Wuppertal und Studium der Geschichte, Germanistik und Philosophie in Münster und Bonn. Zunächst katholische Jungenschaft, dann dj.1.11-Hortenring, Großfahrten in die Türkei und bis Bagdad. – Promotion 1972 und Habilitation 1979 an der Uni Bochum, ab 1984 Professor für Neuere Geschichte an der Uni Siegen, ab 2003 für Zeitgeschichte an der Uni Gießen (bis 2008). – Von 1982 bis 1996 im Vorstand der Stiftung Jugendburg Ludwigstein (zuständig vor allem für das

Archiv der deutschen Jugendbewegung). Interessengebiete u. a.: Geschichte der Urbanisierung und sozialer Bewegungen, besonders der Jugendbewegung. Mentalitäts- und Generationengeschichte im 20. Jahrhundert.

THOMAS ROTHSCHILD

Jg. 1942, geb. in Glasgow, aufgewachsen in Wien, seit 1968 in Stuttgart, Literaturwissenschaftler. Veröffentlichungen zum Thema: Das politische Lied. Ansätze zur Kommunikationstheorie einer literarischen Gattung, in: Lechzend nach Tyrannenblut. Ballade, Bänkelsang und Song, Berlin 1972; Wie konservativ ist Mundart?, in: mund art '78. Hg. von der projektgruppe mund art e. v., Schifferstadt/Mannheim 1978; „Das hat sehr gut geklungen." Liedermacher und Studentenbewegung, in: Nach dem Protest. Literatur im Umbruch. Hg. von W. Martin Lüdke, Frankfurt am Main 1979; Also doch auch mit Gitarre. Wolf Biermanns „Chile-Ballade vom Kameramann, in: Geschichte im Gedicht. Texte und Interpretationen. Hg. von Walter Hinek, Frankfurt am Main 1979; Tauben vergiften, Menschen vergiften … Die unbehaglichen Lieder des Tom Lehrer, in: Rock Session 3. Hg. von Klaus Humann und Carl-Ludwig Reichert, Reinbek 1979; „Das politische Lied auf Schallplatte. Wie verändert das technische Medium die Aussage?", Lili 34/1979; Hg. von Wolf Biermann. Liedermacher und Sozialist, Reinbek 1976; Artikel, vor allem in der Frankfurter Rundschau.

FRITZ SCHMIDT (fouché)

Jg. 1936. Gelernter Schriftsetzer, langjährig als Korrektor tätig. Forschungen und Veröffentlichungen zur Geschichte der Jugendbewegung, insbesondere zur Geschichte der Jungenschaften. – 1950 BDP, 1957–1960 Jungenschaft im Bund Schwabmünchen / Bayr. Schwaben; 1960–1963 Älterenkreis Jungenschaft Schwabmünchen.

EBERHARD SCHÜRMANN (Eby)

Jg. 1940. Dr. iur. Von 1953 bis 1962 Mitglied des Hamburger Kreises um „Coffy" (Karl-Heinz Ness) in der Jungenschaft im Bund, ab 1960 Bund deutscher Jungenschaften, ab Herbst 1956 als Hortenführer. – Jurastudium in Hamburg und Freiburg und bis 2012 Rechtsanwalt in Hamburg. Von 1985 bis 2012 Vorsitzender des Vorstands der Loki-Schmidt-Stiftung und seit 1988 Mitglied der Christoffel-Blinden-Mission (von 1990 bis 2006 als Missionsrat, ab Juni 2015 als Aufsichtsrat). Seit 5. Juni 2011 Schriftführer im Vorstand des Mindener Kreises e.V.

460 Seiten | Hardcover
18 x 25 cm
D 29,80 E | A 30,60 E
ISBN 978-3-88778-441-6

Oss Kröher

Fahrende Sänger

Auf selbst gebauten Kajaks sind die Brüder Hein & Oss Kröher die Donau hinunter gefahren bis Mauthausen, auf einem Ackergaul reitend mussten die Zwillinge für das Fernsehen des SWR Gitarre spielen – und Ehrenzapfmeister der Parkbrauerei Pirmasens sind sie geworden!

Das Buch skizziert die sängerischen Abenteuer eines unbändig freien Mannes: das Buch beginnt mit der Meißnerformel, dem Fanal der Jugendbewegung, deren Kern wie ein Leitstern das ganze Leben prägt.

Die ersten Begegnungen mit Franz Josef Degenhardt, Hans-Dieter Hüsch, Katja Ebstein, Reinhard Mey setzen den ersten Akzent. Die Seiten über Peter Rohland sind voller Bewunderung und Hochachtung, zeichnen die Bedeutung dieses Sängers für die ganze Liederwelt im Umkreis der Waldeck und weiter darüber hinaus. Große Freundschaft und Anerkennung spürt man in den herzlichen Worten, die Hannes Wader gelten. Glückliche Umstände lassen eine Jahrzehnte lange Bindung an die schottische Adelsfamilie McLean entstehen.

Oss Kröher hat sein Leben im dritten Band seiner Erinnerungen mit einer bewegenden Einleitung weiter geschildert. Er ist ein Bekenner! Aufrichtigkeit, Freude, Demut und Dankbarkeit wirken aus den Zeilen heraus. Die Höhen und Tiefen dieses ungemein reichen Lebens, die erzählerische Kraft, die Fähigkeit, auf beste Weise zu unterhalten – das Geheimnis literarischer Kunst.

368 Seiten | Hardcover
18 x 25,2 cm
D 29,80 E | A 30,60 E
ISBN 978-3-88778-389-1

Oss Kröher

Vom Lagerfeuer ins Rampenlicht

Vom Zauber schöner Lieder seit ihrer Kindheit besessen, hatten die Kröhers hunderte davon schon über drei Jahrzehnte zusammengetragen und gesungen – als da waren: Lieder der Handwerksburschen auf der Walz, Tanzweisen der Kosaken, Cowboysongs, Shanties der Seeleute auf den Weltmeeren, Balladen französische Amouren, Partisanenlieder, Freiheitsgesänge, Arbeiterlieder, und viele mehr.

Der Vollbluterzähler schildert auf über 300 Seiten sein Leben als Lehrer an amerikanischen Schulen und als Handelsvertreter auf den Straßen des Wirtschaftswunderlandes. Dazu die Heirat, den Hausbau und die Geburt zweier Söhne. Stets hört der Leser aus dem Hintergrund die Musik jener Tage, Calypsoweisen und Skifflejazz, Big Band-Sounds und Lagerfeuerromanzen.

Mehr Bücher zur
Pfadfinder- & Jugendbewegung
unter

www.spurbuch.de